KB174288

Chapter 02
이제 홀로 일어나

Contents

Chapter 03

그래도 희망은 있다

Chapter 04
그중에 제일은 사랑이라

토이 스토리
Toy Story, 1995
장난감에서 배우는 지혜

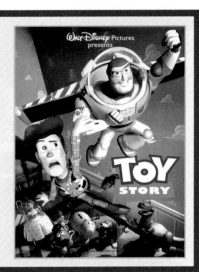

감독　존 래시터(John Lasseter)
각본　존 래시터(John Lasseter)
　　　피트 닥터(Pete Docter)
　　　앤드류 스탠튼(Andrew Stanton)
출연(목소리)　톰 행크스(Tom Hanks)
　　　　　　팀 앨런(Tim Allen)
　　　　　　돈 리클스(Don Rickles)

창의력은 상상력을 먹고 자란다

　영화 〈토이 스토리(Toy Story, 1995)〉는 3천만 달러(약 390억 원)를 투자하여 3억 6천만 달러(약 4,700억 원)를 벌어 흥행에 성공을 거둔 영화다. 만화 영화로는 최초로 1996년 오스카상 각본상과 음악상, 주제가상 후보에 지명되었고 아카데미 특별 공헌상(Special Achievement Award)을 수상했다. 이 상은 매년 수여하지는 않으며 영화 기술의 발전에 획기적인 공헌을 했다고 인정되는 영화에만 수여한다.

　이 영화는 역사상 최초로 컴퓨터 위주로 제작된 만화 영화로 디즈니 자회사인 픽사(Pixar)가 제작했다. 손으로 그려야 하는 작업을 획기적으로 줄이면서도 만화 영화의 품질을 혁신적으로 높였기 때문에 영화 제작의 신기원을 연 영화다. 당시 픽사의 대표는 애플 컴퓨터와 아이폰으로 유명한 스티브 잡스(Steve Jobs)였다. 스티브 잡스는 제작 총괄(Executive Producer)로 이 영화에 참여했다.

영화 제작을 위해 117대의 컴퓨터가 24시간 가동되었다. 한 프레임을 렌더링(rendering, 볼 수 있는 화면으로 전환)하는 데 45분에서 30시간까지 걸렸다. 컴퓨터로 만화 영화 전체를 제작할 수 있다는 생각은 아무도 하지 않을 때 새로운 영역을 개척한 스티브 잡스의 창의적이고 혁신적인 아이디어가 빛을 발하는 영화다.

스티브 잡스가 토이 스토리 영화 제작에 참여하게 된 데는 사연이 있다. 잡스는 2005년 스탠포드 대학교 졸업 축사에서 이 내용을 소개했다.

I was lucky - I found what I loved to do early in life. Woz and I started Apple in my parents' garage when I was 20. We worked hard, and in 10 years Apple had grown from just the two of us in a garage into a $2 billion company with over 4,000 employees.

저는 운이 좋은 편이었습니다. 정말로 하고 싶은 일을 일찍 찾았으니까요. 워즈[스티브 워즈니악(Steve Wozniak), 애플 컴퓨터의 공동 설립자]와 제가 스무 살 때 부모님의 차고에서 애플 컴퓨터를 만들었지요. 우리는 열심히 일했고, 차고에서 시작한 회사는 10년이 지나자 매출은 22조 원이 넘고 종업원은 4천 명인 회사로 성장했습니다.

We had just released our finest creation - the Macintosh - a year earlier, and I had just turned 30. And then I got fired. How can you get fired from a company you started? Well, as

Apple grew we hired someone who I thought was very talented to run the company with me, and for the first year or so things went well. But then our visions of the future began to diverge and eventually we had a falling out. When we did, our Board of Directors sided with him. So at 30 I was out. And very publicly out. What had been the focus of my entire adult life was gone, and it was devastating.

서른 살이 되기 직전에 우리의 가장 뛰어난 걸작품 매킨토시(Macintosh) 컴퓨터를 출시했습니다. 그러나 저는 회사에서 해고되었죠. 어떻게 자신이 세운 회사에서 해고당할 수 있을까요? 애플이 성장함에 따라 저는 함께 회사를 성장시킬 수 있다고 판단해 아주 유능한 사람 존 스컬리(John Sculley)를 고용했지요. 처음 1, 2년은 잘 흘러갔어요. 그러다가 미래 비전에 대해 서로 다른 생각을 하게 되었고, 이사회는 그 사람 편을 들었지요. 그래서 서른 살이 되던 해 회사에서 나왔고 이 일은 여러분도 잘 아는 것처럼 꽤 시끄러웠지요. 철이 들면서 내 인생의 전부였던 일을 잃고 나니 절망에 휩싸였습니다.

잡스는 펩시콜라 마케팅 담당이었던 존 스컬리를 애플로 스카우트하기 위해 다음과 같이 설득했다고 전해진다.

Do you want to sell sugar water for the rest of your life, or do you want to come with me and change the world?

평생 설탕물 팔면서 살래요? 아니면 나와 함께 세상 한번 바꿔볼래요?

결국, 스컬리는 애플로 직장을 옮겼고 애플 성장에 크게 이바지했지만 이후 잡스를 해고하는 데 큰 역할을 했다고 한다.

전화위복

I really didn't know what to do for a few months. I was a very public failure, and I even thought about running away from the valley. But something slowly began to dawn on me - I still loved what I did. The turn of events at Apple had not changed that one bit. I had been rejected, but I was still in love. And so I decided to start over.

처음 몇 달은 무엇을 해야 할지 멍하니 지냈습니다. 저는 누구나 다 아는 실패자였고, 실리콘 밸리를 떠날 생각까지도 했었죠. 그런데 한 가지 생각이 그렇게 하지 못하도록 저를 계속 붙잡았지요. 지금 하는 일을 아직도 너무나 사랑한다는 생각이었습니다. 애플에서 그런 일을 겪었지만 그 마음은 변하지 않았어요. 다른 사람들에게 밀려나기는 했지만, 아직도 일과 사랑에 빠져 있었죠. 그래서 다시 시작하기로 마음을 먹었습니다.

I didn't see it then, but it turned out that getting fired from Apple was the best thing that could have ever happened to me. The heaviness of being successful was replaced by the lightness of being a beginner again, less sure about everything. It freed me to enter one of the most creative periods of my life.

당시에는 몰랐지만, 나중에 뒤돌아보니 애플 회사에서 해고된 일은 나에게 일어날 수 있는 가장 좋은 일이었습니다. 항상 성공해야 한다는 중압감에 시달렸는데 어떤 새로운 일이 일어날지 궁금해 새롭고 활기찬 마음이 되었죠. 그 덕분에 내 일생 중 가장 창의력이 넘치는 시간이 시작되었습니다.

During the next five years, I started a company named NeXT, another company named Pixar, and fell in love with an amazing woman who would become my wife. Pixar went on to create the world's first computer animated feature film, Toy Story, and is now the most successful animation studio in the world. In a remarkable turn of events, Apple bought NeXT, I returned to Apple, and the technology we developed at NeXT is at the heart of Apple's current renaissance. And Laurene and I have a wonderful family together.

그 후 5년간 넥스트(NeXT)와 픽사(Pixar)라는 새 회사를 시작했고, 아름다운 여인을 만나 사랑에 빠져 결혼했지요. 픽사는 후에 세계 최초의 컴퓨터만으로 제작된 만화 영화 〈토이 스토리〉를 제작했고 이제는 세상에서 가장 성공한 만화 영화 제작사가 된 거죠. 그 후 예상치 못한 사건들이 생기면서 애플이 넥스트를 인수하고 저는 다시 애플로 복귀했죠. 넥스트에서 개발한 기술은 애플이 현재 누리고 있는 전성기의 중심 기술이 되었지요. 그리고 멋진 여인 로렌과 저는 행복한 가정을 이루게 되었습니다.

잡스는 자신이 정말로 좋아하는 일을 통해서 큰 성공을 거둔다. 애플을 더 빨리 성장 시키기 위해 능력 있는 사람을 스카우트했지만 그 사람에게 배신당해 자신이 세운 회사에서 쫓겨났다. 하지만 자신이 하는 일을 너무나 사랑하기에 다시 돌아와 픽사라는 훌륭한 회사를 세우고 1995년에는 영화 〈토이 스토리〉를 제작했다. 스티브 잡스가 자신이 세운 회사에서 해고되지 않았더라면 우리는 이 멋진 만화 영화를 보기 위해 오랜 시간 기다렸을지도 모른다. 인생은 어떻게 풀릴지 모른다. 앞으로 생길 일을 기대하며 열심히 살아야 한다. 영화 〈포레스트 검프〉에서도 주인공 포레스트 검프가 이 대사를 되풀이했다.

Forrest Gump : My momma always said, "Life was like a box of chocolates. You never know what you're gonna get."

포레스트 : 어머니는 항상 말씀하셨어. "산다는 일은 초콜릿 상자와 같은 거야. 열어 보고 먹기 전에는 그 맛을 알 수 없거든."

장난감은 아이들과 함께 자란다

장난감(toy)은 어린이의 성장과 함께한다. 어린이가 장난감을 가지고 혼자서 또는 친구들과 함께 하는 놀이는 아이들의 사회성과 인지 발달에 필수다. 아이가 성장하면서 장난감과는 멀어지게 되지만, 아이의 잠재의식 속에는 아득한 추억(nostalgia)으로 남게 되어 평생 긍정적인 영향을 끼친다. 이 영화에서 주인공으로 나오는 장난감들은 마치 아이들처럼 서로 다투고 또 어울려 지낸다. 어린이의 세계를 장난감에 섬세하게 투영시킨 점을 볼 때마다 흐뭇한 미소가 절로 지어진다.

영화에서 장난감을 가지고 노는 어린아이 앤디(Andy)의 사랑을 독차지하던 장난감 카우보이 우디(Woody, 목소리 출연-톰 행크스)는 엄마가 앤디에게 선물한 장난감 우주전사 버즈(Buzz, 목소리 출연-팀 앨런)를 만나자마자 신경전을 시작한다.

Woody : All right, that's enough! Look, we're all very impressed with Andy's new toy.
Buzz : Toy?

Woody : T-O-Y, Toy!

Buzz : Excuse me, I think the word you're searching for is "Space Ranger"

Woody : The word I'm searching for - I can't say, because there's preschool toys present.

우디 : 그래, 이제 됐어, 됐다니까! 앤디의 새 장난감 멋지네.

버즈 : 장난감이라고?

우디 : 그래 장·난·감!

버즈 : 잠깐만 있어 봐. '우주 보안관'을 잘못 말한 거 아냐?

우디 : 내가 정말로 말하고 싶은 말은, 아니 너무 심한 말이어서 못 하겠네. 미취학 아동용 장난감들이 있어서 말조심해야지.

이렇게 사이가 좋지 않던 이들은 옆집에 사는, 장난감 납치와 파괴를 일삼는 시드에게 끌려갔다가 앤디의 집으로 돌아가기 위해 서로 힘을 합친다. 그러나 우주전사 버즈는 앤디가 자신을 좋아하지 않아 돌아갈 필요가 없다고 생각하고 탈출을 포기한다. 카우보이 우디는 버즈를 설득한다.

Woody : Buzz, you've had a big fall. You must not be thinking clearly!

Buzz : No, Woody. For the first time, I "am" thinking clearly. You were right all along. I'm not a Space Ranger. I'm just a toy. A stupid, little, insignificant toy.

Woody : Wait a minute. Being a toy is a lot better than being a Space Ranger.

Buzz : Yeah, right.

Woody : Not, it is!

[points through the window to Andy's room]

Woody : Look, over there in that house is a kid who thinks you are the greatest, and it's not because you're a Space Ranger, pal, it's because you're a toy. You are his toy!

Buzz : [Buzz looks at his plastic parts and fake control panel] But why would Andy want me?

Woody : [sighs] Why would Andy want you? Look at you! You're a Buzz Lightyear! Any other toy would give up his moving parts just to be you. You've got wings, you glow in the dark, you talk, your helmet does that… that whoosh thing. You're a cool toy. As a matter of fact, you're too cool.

우디(장난감 카우보이) : 아까 높은 곳에서 떨어져서 생각을 제대로 못 하고 있네.

버즈(장난감 우주전사) : 아니야, 우디. 생전 처음으로 제대로 생각하고 있어. 그동안 네가 맞았어. 나는 우주전사가 아니야. 나는 그냥 장난감이야. 별 볼 일 없는 장난감이라고.

우디 : 잠깐만. 장난감이 우주전사보다 훨씬 더 좋은 거야.

버즈 : 놀리지 마.

우디 : 아니 정말이야.

(앤디 방 쪽을 가리키며)

우디 : 자, 보라고. 저쪽에 있는 집에 네가 제일이라고 생각하는 아이가 한 명 있어. 네가 우주전사이기 때문에 좋아하는 것이 아니라 네가 장난감이기 때문에 말이야. 너는 앤디 장난감이고.

버즈 : (몸에 달린 플라스틱 부품과 가짜 계기판을 보면서) 하지만 무엇 때문에 앤디가 나를 원하겠어?

우디 : 무엇 때문에 앤디가 너를 원하냐고? 너를 한 번 봐. 너는 광속으로 우주를 여행하는 버즈잖아. 다른 장난감들은 자기 몸 일부를 버려서라도 네가 되고 싶을걸. 너는 날개도 있고 어둠 속에서도 빛이 나고 헬멧에서는 멋진 소리도 나잖아. 너는 멋진 장난감이야. 정말로 멋지다고.

진짜 사람보다 더 멋진 대화를 나누며 서로를 격려하고 우정을 나누는 장난감들이다. 어린아이들도 이런 우정을 경험하고 자라면 문제 아이가 되거나 다른 아이들을 괴롭힐 가능성이 훨씬 줄어들 것이다. 인터넷 게임 대신 아이들이 밖에서 뛰놀면서 이런 멋진 우정을 경험하며 살았으면 좋겠다. 언제 끝났는지 모를 만큼 재미있는 영화다. 천재들의 번뜩이는 창의력이 그대로 담겨 있는 명화다. 부모들이 아이들과 함께 보기를 적극 권유하고 싶다.

영화로 보고
영어로 읽는 세상

Cinema 2

레인 맨
Rain Man, 1988
사랑하는 형

감독   배리 레빈슨(Barry Levinson)
각본   배리 모로우(Barry Morrow)
       로날드 배스(Ronald Bass)
주연   더스틴 호프만(Dustin Hoffman)
       톰 크루즈(Tom Cruise)

사랑하는 마음, 공감하는 능력

〈레인 맨(Rain Man)〉은 〈굿 모닝 베트남(Good Morning Vietnam, 1987)〉과 〈왝 더 독(Wag the Dog, 1997)〉 등을 만든 베리 레빈슨(Barry Levinson) 감독의 1988년 작품이다. 1989년 오스카 시상식에서 최우수 작품상과 남우 주연상, 감독상, 각본상을 받았다. 〈인터스텔라(Interstellar, 2014)〉와 〈인셉션(Inception, 2010)〉, 〈다크 나이트(Dark knight, 2008)〉 등의 영화 음악 감독 한스 짐머(Hans Zimmer)가 음악을 담당했고 아카데미상 영화 음악상 후보로도 지명됐다.

학자들에 따르면 인간(Home Sapiens)이 세상의 주인이 된 가장 중요한 이유는 의외로 간단하다. 가상 현실을 실제로 있다고 믿으며 다른 사람의 생각을 내 생각처럼 받아들이고, 다른 사람의 처지를 내 처지인 것처럼 생각하는 능력이 있기 때문이다. 심리학에서는 이 현상을 '마음 이론(Theory of Mind)'이라고 설명한다. 마음이 잘 열려 있는 사람은 타인의 마음 상태를 인지하고 이해하는 공감 능력이 우수하다. 마음에 결함이 있는 사람은 타인의 상황을 이해하기보다는 모든 상황을 자신의 시각에서 이해하기 때문에 다른 사람과 정신적으로 교류하는데 큰 어려움을 겪는다.

타인과 마음을 교류하지 못하는 대표적인 인지 결함 증상이 자폐증(自閉症, autism)이다. 워낙 증상의 범위(scope)가 넓어서 한마디로 정의하기는 어렵지만, 자폐증이 있는 사람은 다른 사람의 생각을 이해하거나 다른 사람의 관점에서 자기 자신을 돌아보는 뇌의 회로가 제대로 작동하지 않는다. 따라서 정상적인 교육과 사회생활이 불가능하다.

〈레인 맨(Rain Man)〉은 자폐증과 돈, 형제의 우애, 부모와 자녀의 관계를 소재로 한 영화다. 만들기 쉽지 않은 이야기를 명감독과 불세출의 두 배우(더스틴 호프만, 톰 크루즈)의 열연으로 잘 풀어냈다.

영화 제목 Rain Man(레인 맨)은 Raymond(레이몬드)의 발음에서 유래한다. 자폐증인 레이몬드[Raymond, 더스틴 호프만(Dustin Hoffman) 분]와 그의 동생 찰리[Charlie, 톰 크루즈(Tom Cruise) 분]의 아버지는 찰리가 어렸을 때 형 레이몬드를 정신 지체아 요양소에 보내고 찰리에게 그 사실을 숨긴다. 찰리는 고등학교 때 아버지 자동차를 훔쳐 타다가 아버지가 경찰에 신고해 감옥살이하게 된 사건에 반발해 집을 나와 아버지와 인연을 끊는다.

피는 물보다 진하다

    찰리는 LA에서 유럽 명품 중고차를 수입해 판매한다. 아버지가 돌아가셨다는 전화를 받고 장례식에 참여한다. 아버지는 찰리에게 고등학교 때 아버지의 허락 없이 타고 나가 부자지간의 연을 끊게 만든 자동차를 물려준다. 전 재산 3백만 달러(40억 원)는 찰리의 형인 레이몬드에게 남긴다. 자신에게 형이 있으며 그에게 모든 재산을 물려주었다는 사실을 알게 된 찰리는 형이 수용된 요양원으로 달려가 그를 돌보는 브루너 박사(Dr. Bruner)와 이야기한다.

Charlie : He's not crazy, he's not retarded but he's here.

Dr. Bruner : He's an autistic savant. People like him used to be called idiot savants. There's certain deficiencies, certain abilities that impairs him.

Charlie : So he's retarded.

Dr. Bruner : Autistic. There's certain routines, rituals that he follows.

Charlie : Rituals, I like that.

Dr. Bruner : The way he eats, sleeps, walks, talks, uses the bathroom. It's all he has to protect himself. Any break from this routine leaves him terrified.

Charlie : Does Raymond know how much money he's inherited?

Dr. Bruner : No, he doesn't understand the concept of money.

Charlie : He doesn't understand the concept of money? He just inherited $3,000,000 and he doesn't understand the concept of money? Wow, good work, Dad. I'm getting fxxxing poetic here.

찰리 : 형은 미친 것도 아니고 지적 장애도 아닌데 이곳에 있네요.

브루너 박사 : 자폐증이 있지만 천재죠. 예전에는 백치천재라고 했습니다. 남들에게는 다 있는 지적 능력은 결핍되어 있어요.

찰리 : 그러니까 지적 장애인이네요.

브루너 박사 : 자폐라니까요. 항상 정해진 루틴을 따라야 해요.

찰리 : 자기가 정해 놓은 규칙 같은 것이네요.

브루너 박사 : 먹고, 자고, 걷고, 말하고, 화장실 가는 모든 패턴이 딱 정해져 있어서 그렇게 자신을 보호하는 거예요. 조금이라도 어긋나면 큰 충격에 빠지게 돼요.

찰리 : 형은 지금 자기가 얼마나 많은 돈을 상속받았는지 알고나 있나요?

브루너 : 모르지요. 돈에 대한 개념이 없으니까요.

찰리 : 돈에 대한 개념이 없다고요? 방금 3백만 달러를 상속받았는데 돈이 뭔지를 모른다고요? 와! 우리 아버지 정말 대단하네. 뭐라고 할 말이 없네요.

사실 찰리에게는 레인 맨에 대한 희미한 기억은 남아 있다. 물론 레인 맨이 자신의 형이라는 생각은 하지 못한다. 자신의 기억에 대한 확신도 없다.

Charlie : When I was a little kid and I got scared, the Rain Man would come and sing to me.

Susanna : Rain what?

Charlie : Oh you know, one of those imaginary childhood friends.

Susanna : What happened to him?

Charlie : Nothing, I just grew up.

Susanna : Not so much.

찰리 : 어렸을 때 겁이 날 때면 레인 맨이 찾아와서 노래를 불러주곤 했어.

수잔나(찰리 여자친구) : 레인… 뭐라고?

찰리 : 아, 왜 그 어릴 때 상상 속의 친구, 뭐 그런 거 있잖아.

수잔나 : 그래서 레인 맨이 어떻게 됐는데?

찰리 : 별거 없어, 그냥 나 혼자 자랐으니까.

수잔나 : 진짜 별것 아니네.

나의 형 레인 맨

그러나 레인 맨은 상상 속의 존재가 아니었다. 그를 만나서 여러 이야기를 나누다 보니 레인 맨은 찰리의 형 레이몬드였음이 드러난다.

Charlie : Who took this picture?

Raymond : D-A-D.

Charlie : And you lived with us?

Raymond : Yeah, 10962 Beachcrest Street, Cincinnati, Ohio.

Charlie : When did you leave?

Raymond : January 12, 1965. Very snowy that day. 7.2 inches of snow that day.

Charlie : Just after Mom died.

Raymond : Yeah Mom died January 5, 1965.

Charlie : You remember that day. Was I there? Where was I?

Raymond : You were in the window. You waved to me, "Bye

about how it happened. It is what it is. We're genetically engineered to stop aging at 25. The trouble is, we live only one more year, unless we can get more time. Time is now the currency. We earn it and spend it. The rich can live forever. And the rest of us? I just want to wake up with more time on my hand than hours in the day.

월: 시간이 없다. 어떻게 이런 일이 생겼는지 걱정할 시간이 없다. 실제로 이런 일이 일어나고 있다. 우리는 25세가 되면 더 이상 늙지 않는다. 문제는 그 이후 남은 수명은 단 1년이라는 사실이다. 물론 시간을 더 얻으면 된다. 시간은 모든 물품을 거래하는 화폐다. 시간을 벌고 시간을 쓴다. 부자들은 영원히 살 수 있다. 우리 같은 평범한 인간들에게는 해당되지 않는 말이다. 일어날 때마다 하루를 버틸 수 있는 시간보다 더 많은 시간이 남아 있으면 좋겠다.

시간은 화폐처럼 유통된다. 물건을 사거나 서비스 받을 때마다 요금만큼의 시간이 수명에서 공제된다. 가난한 사람들은 종일 공장 등에서 일하고 퇴근할 때 하루 정도의 시간을 공급받는다. 자신의 수명이 얼마나 남았는지는 팔을 걷어보면 정확하게 표시되어 드러난다. 또 시간은 서로 주고받을 수 있다. 시간이 많은 사람을 납치해 시간을 뺏는 강도들도 많다. 시간은 추상적인 흐름이 아니라 물리적인 거래와 약탈의 대상이다.

월의 어머니는 일을 마치고 집에 가는 버스를 타려다 버스 요금이 예고 없이 인상되어 30분의 시간이 모자라게 되었다. 버스 기사에게 사정해 보았지만 거절당하고, 집까지 뛰어가다 도중에 자신의 수명을 모두 쓰고 사망한다. 분노한 월은 이 모순된 사회를 뒤엎으려고 한다.

그 와중에 월은 헨리를 만난다. 헨리는 105년을 살고 이제는 살기를 원하지 않아 다른 사람들에게 100년 이상 남은 자신의 수명을 떠벌리고 다니다가 죽을 위험에 처한다. 월은 헨리의 목숨을 구해준다. 헨리는 월에게 100년이 넘는 시간을 선물로 주고 세상과 이별한다.

Henry Hamilton : How old are you? In real time?

Will Salas : 28.

Henry Hamilton : I'm 105.

Will Salas : Good for you. You won't see 106, you have too many more nights like tonight.

Henry Hamilton : For a few to be immortal, many must die.

Will Salas : What the hell is that supposed to mean?

Henry Hamilton : You really don't know, do you? Everyone can't live forever. Where would we put them? Why do you think there are time zones? Why do you think taxes and prices go up the same day in the ghetto? The cost of living keeps rising to make sure people keep dying. How else could there be men with a million years while most live day to day? But the truth is··· there's more than enough. No one has to die before their time. If you had as much time as I have on that clock, what would you do with it? Will Salas : I'd stop watching it. I can tell you one thing. If I had all that time, I sure as hell wouldn't waste it.

헨리 : 자네 실제 나이가 몇이야?

윌 : 스물여덟이요.

헨리 : 나는 105세일세.(25세처럼 보인다)

윌 : 대단하네요. 하지만 106세 까지는 안 되겠네요. 오늘 밤과 같이 위험한 밤을 너무 많이 보낸다면.

헨리 : 선택받은 소수가 영원히 살려면 많은 사람이 죽어야겠지.

윌 : 무슨 자다가 봉창 두드리는 소리인지 모르겠네.

헨리 : 정말로 모른다고? 모두 영원히 살 수는 없어. 그 많은 사람을 어디에 살게 할 거야? 얼마나 많은 시간을 소유했는지를 기준으로 사람들을 나누어 놓았는지 왜 몰라? 시간을 조금 소유하여 못사는 동네에 세금이

계속 오르고 생활비가 계속 비싸지는지 왜 몰라? 그래야 사람들이 확실히 죽을 거 아냐? 그래야 그 사람들의 시간을 다 끌어다가 백만 년을 가지고 있는 사람도 있고 시간이 없어 하루하루 연명하는 사람도 있지. 하지만 사실은 시간이 충분히 있어. 누구도 갑자기 죽을 필요는 없지. 너는 나처럼 시간이 많으면 어떡할래?

월: 시간이 얼마 남았는지 이제는 신경 쓰지 않겠지요. 그리고 시간이 그렇게 많으면 절대 막 쓰지 않을 거예요.

부유층이 사는 동네와 빈곤층이 사는 동네의 차이는 시간을 얼마나 가지고 있느냐에 달려 있다. 부유층 동네에는 백만 시간 이상을 갖고 있지만 다른 사람을 전혀 생각하지 않고 사는 시간 부자 필립이 있다. 그의 딸 실비아는 아버지가 불공정하게 시간을 독점하는 일에 항의한다.

Sylvia Weis : We're not meant to live like this. We're not meant to live forever. Although I do wonder, Father, if you've ever lived a day in your life.

실비아: 우리는 이렇게 살면 안 돼요. 사람은 영원히 살게 되어 있지 않아요. 하긴 아빠는 하루도 제대로 산 것 같지는 않네요.

하루에 평생을 살 수도 있다

시간 부자 동네에 침입한 월은 실비아와 연인이 되고 시간 부자 동네를 함께 탈출한다. 그러나 잡혀서 가지고 있는 시간을 다 뺏긴다. 둘에게 남은 시간은 이제 단 하루다.

Sylvia Weis : What have we got?
Will Salas : A day. You can do a lot in a day.

실비아 : 시간이 얼마나 남았어?
윌 : 하루. 하루면 엄청 많은 일을 할 수 있어.

영화 〈여인의 향기(Scent of a woman)〉에서 사고로 시력을 잃은 프랭크 (Frank)가 아름다운 여인 도나(Donna)에게 한 말이 생각난다.

Frank : Excuse me, senorita, do you mind if we join you? I'm feelin' you're being neglected.
Donna : I'm expecting somebody.
Frank : Instantly?
Donna : No, but any minute now.
Frank : Any minute? Some people live a lifetime in a minute.

프랭크 : 실례합니다. 우리가 같이 앉아도 될까요? 당신에게 아무도 신경을 쓰지 않고 있는 것 같아서요.
도나 : 금방 누가 올 거예요.
프랭크 : 바로 오나요?
도나 : 아니요. 몇 분 안에 올 거예요.
프랭크 : 몇 분이요? 어떤 사람은 몇 분 동안 인생을 바꿀 경험을 할 수도 있어요.

노벨상을 받을 정도로 똑똑한 물리학자들에 따르면 시간은 흐르는 것이 아니고 우리는 시공간이라는 거대한 물리적 공간에 갇혀 있다고 한다. 시간도 왜곡이 생길 수 있다. 블랙홀처럼 엄청난 중력을 보유한 장소에 가면 시간의 흐름이 멈춘다. 이해하기가 참으로 어려운 개념이다.

하여간 우리는 태어나서 늙어간다. 그리고 지구를 떠난다. 그 후에는 어디로 가는 것일까? 그렇다면 어떻게 살아야 잘사는 것일까?

함께 시간을 보내고 싶은 사람

1972년 미국 가수 짐 그로치(Jim Croce)가 아내의 임신 소식을 듣고 만든 노래 〈Time in a Bottle〉이 있다. 제한된 시간밖에 쓸 수 없는 사람들의 한계와 부질없지만 그래도 영원한 시간을 원하는 사람들의 소망이 담겨 있다. 짐 그로치는 1973년 비행기 사고로 세상을 떠났지만 이 노래는 싱글로 발매되어 빌보드 차트에서 5주간 1위를 차지했다.

Time in a Bottle, By Jim Croce
시간을 병 속에 가둘 수 있다면

짐 크로치(Jim Croce)

If I could save time in a bottle
The first thing that I'd like to do
Is to save every day 'til eternity passes away
Just to spend them with you

내가 시간을 병 속에 가둘 수 있다면
제일 먼저 하고 싶은 일은
매일매일을 영원히 모아서
당신과 함께 쓰고 싶어요

If I could make days last forever

If words could make wishes come true
I'd save every day like a treasure, and then
Again, I would spend them with you

시간을 영원히 흐르지 않게 할 수 있다면

내 소원대로 된다면

매일매일을 보물처럼 모아서

당신과 함께 또 쓰고 싶어요

But there never seems to be enough time
To do the things you want to do once you find them
I've looked around enough to know
That you're the one I want to go through time with

그렇지만 하고 싶은 일을 찾는다고 해도

그 일을 할 수 있는 시간은 부족하지요

주위를 아무리 둘러보아도

함께 시간을 보내고 싶은 사람은 당신밖에 없어요

If I had a box just for wishes
And dreams that had never come true
The box would be empty
Except for the memory of how they were answered by you

소원을 담아두는 상자가 있다면

그리고 이루어지지 않는 꿈을 넣어 둔다면

상자는 텅 빌 거예요

물론 꿈과 소원에 당신이 어떻게 응했는지 그 추억은 남아있겠지요

But there never seems to be enough time
To do the things you want to do once you find them
I've looked around enough to know
That you're the one I want to go through time with

하고 싶은 일을 찾았다고 해도
그 일을 할 수 있는 충분한 시간이 없는 것 같아요
그동안 충분히 찾아봐서 잘 알아요
시간을 함께 보내고 싶은 사람은 당신뿐이라는 것을

이 노래를 만들고 일 년도 되지 않아 짐 그로치는 세상을 떠났다. 그는 자신에게 배당된 시간을 다 쓰게 될 줄을 알았을까? 우리는 우리에게 배정된 시간이 언제 종료될지 모르며 살고 있다. 유한한 시간, 어떻게 쓰면서 살아야 할까?

크레이머 대 크레이머
Kramer vs. Kramer, 1979
어린이는 어른의 아버지

감독	로버트 벤톤(Robert Benton)
각본	에이버리 코만(Avery Corman)
	로버트 벤톤(Robert Benton)
출연	더스틴 호프만(Dustin Hoffman)
	메릴 스트립(Meryl Streep)
	저스틴 헨리(Justin Henry)

남자는 화성인, 여자는 금성인

　1979년에 제작된 더스틴 호프만(Dustin Hoffman)과 메릴 스트립(Meryl Streep), 저스틴 헨리(Justin Henry, 아역) 주연의 영화다. 1980년 오스카에서 작품상과 감독상, 각본상, 남우 주연상(더스틴 호프만), 여우 조연상(메릴 스트립)을 수상했다. 1937년생인 더스틴 호프만은 1960년대 초부터 연기를 시작해서 1968년 영화 〈졸업〉으로 아카데미 남우 주연상 후보에 올랐으나 〈크레이머 대 크레이머〉로 처음 남우 주연상을 받았다. 1949년생인 메릴 스트립은 1979년 〈디어 헌터(Deer Hunter)〉로 여우 조연상 후보에 올랐으나 〈크레이머 대 크레이머〉로 처음 아카데미 조연상을 받았다. 그

후 1983년 제2차 세계 대전 강제 수용소를 소재로 한 영화 〈소피의 선택(Sophie's choice)〉으로 여우 주연상을 받았다. 2023년 현재 메릴 스트립은 아카데미에서만 21번 수상자로 지명되었고 세 차례 수상했다.

결혼 8년 차 부부 테드(Ted Kramer)와 조애너(Joanna Kramer)에게는 7세 아들 빌리(Billy)가 있다. 테드는 뉴욕에서 대형 광고 회사 핵심 인재다. 실적도 좋고 돈도 잘 벌어오며 부인 말고 다른 여자에게는 눈도 돌리지 않는 사람이다. 너무 바쁘게 일하다 보니 가정과 육아는 모두 아내 조애너 몫이다. 테드는 아들이 몇 학년인지도 모른다. 그러나 부지런히 일하고 돈도 잘 벌어다 주어 뉴욕 맨해튼의 근사한 투 베드 룸 아파트에서 산다. 아이도 비싼 사립 학교에 보내며 자신의 아내가 자신에게 불만이 있을 것이라고는 조금도 생각하지 않으며 살고 있다.

조애너는 결혼 전에 디자이너로 일했지만, 결혼 후 바로 빌리를 낳고 일을 접은 후 전업주부로 지낸다. 자기 일을 하지 못하고 남편과 아이만 바라보는 삶에 점점 지쳐간다. 그녀는 남편 테드에게 다시 일하고 싶다는 자신의 바람을 계속 이야기하려 하지만 테드는 진지하게 들으려고 하지 않는다. 오히려 집에서 머물며 남편과 아이를 돌보는 일에 만족해야 한다고 계속 압박한다. 참다못한 조애너는 어느 날 밤 갑자기 짐을 싸서 남편과 아이를 버리고 가출한다.

1988년 존 그래이(John Gray)는 《Men are from Mars, Women are from Venus(남자는 화성인, 여자는 금성인)》라는 책을 써서 남성과 여성의 차이를 설명했다. 같은 지구에 살고 있지만 남자는 화성인이고 여성은 금성인처럼 서로 이해가 불가능할 정도로 달라서 서로를 이해하기 위해서 각별한 노력이 필요하다는 점을 역설했다. 이 영화에서도 테드와 조애너는 부부의 연을 맺고 살지만 어떤 어려운 점이 있는지, 무엇을 원하고 있는지 등에 대해 서로 잘 모른다.

조애너는 테드와 빌리를 두고 떠났다. 집안일과 아이 돌보는 일을 한

번도 해본 적이 없는 테드에게는 그 순간부터 엄청난 고생문이 열린다. 집 어디에 뭐가 있는지도 모르는 남자가 일곱 살짜리 아이를 돌보며 집 안일을 하고 직장을 다녀야 한다고 상상해 보면 그림이 그려질 것이다. 그것도 제일 바쁘고 경쟁이 심하다는 광고업계에 종사하는 남자가.

아빠가 좋아? 엄마가 좋아?

일곱 살 아들 빌리는 이 모든 상황이 이해되지 않는다.

Billy Kramer : Your hand's all sweaty! When's Mommy coming back?

Ted Kramer : Soon. I told you before. Very soon.

Billy Kramer : Is she gonna pick me up after school?

Ted Kramer : Probably. And if she doesn't I will.

Billy Kramer : What if you forget?

Ted Kramer : I won't forget!

Billy Kramer : What if you get run over by a truck and get killed? Then what happens?

Ted Kramer : Then Mommy will pick you up.

빌리 : (테드는 지금 아이 손을 잡고 처음으로 학교에 가는 길이다) 아빠 손이 온통 땀이야. 엄마는 언제 돌아와?

테드 : 금방. 말했잖아. 금방 올 거라고.

빌리 : 엄마가 학교 마치면 데리러 올 거야?

테드 : 그럴 거야. 혹시 엄마가 오지 않으면 내가 올게.

빌리 : 아빠가 까먹으면?

테드: 안 까먹어!

발리: 만일 아빠가 트럭에 치여 죽으면? 그러면 어떻게 돼?

테드: 그러면 엄마가 오겠지.

테드는 아직도 조애너가 온다는 희망을 품고 있지만, 조애너는 돌아오지 않는다. 어린아이에게는 엄마가 필요하다. 물론 아빠도 필요하지만, 엄마의 존재는 많은 경우 생존과 연관된 문제이고 엄마가 아이 곁에 없으면 아이의 정서 감정 발달은 큰 지장을 받게 된다.

재미를 위해 만든 이야기이겠지만 그래도 사실에 가깝다고 많은 부모가 공감하는 영어 유머가 있다.

To Mom: I'm hungry.

I am cold.

I'm hot.

Can I have…?

I want to have….

I want to watch….

Where are you?

Can you ask dad?

Can you help me?

I want to go there.

To Dad: Where's Mom?

엄마에게: 나 배고파.

추워.

더워.

… 가져도 돼?

… 보고 싶어.

어디 있어?

아빠한테 말 좀 해줘.

나 좀 도와줄래?

나 거기 가고 싶어.

아빠에게 : 엄마 어디 있어?

테드의 고생이 시작된다. 직장 일도 제대로 하지 못하고 아이와도 계속 갈등이다. 아이도 아이 나름대로 엄청난 스트레스에 시달린다. 빌리가 가장 의지하고 24시간 돌보아주던 엄마가 아무 말 없이 사라져 버렸으니 오죽하겠는가. 테드와 빌리가 크게 갈등을 겪은 다음 둘이 침대에 누워 화해한다.

Billy Kramer : Daddy?

Ted Kramer : Yeah?

Billy Kramer : I'm sorry.

Ted Kramer : I'm sorry too. I want you to go to sleep because it's really late.

Billy Kramer : Daddy?

Ted Kramer : Now what is it?

Billy Kramer : Are you going away?

Ted Kramer : No. I'm staying here with you. You can't get rid of me that easy.

Billy Kramer : That's why Mommy left, isn't it? Because I was bad?

빌리 : 아빠?

테드 : 응?

빌리 : 미안해요.

테드 : 나도 미안하구나. 늦었다. 이제 푹 자라.

빌리 : 아빠?

테드 : 또 왜?

빌리 : 아빠 멀리 갈 거야?

테드 : 아니 여기 너랑 함께 있을 거야. 난 그렇게 쉽게 사라지지 않아.

빌리 : 엄마가 떠난 게 내가 잘못했기 때문이야?

Ted Kramer: Is that what you think? No. That's not it, Billy. Your mom loves you very much··· and the reason she left has nothing to do with you. I don't know if this will make sense, but I'll try to explain it to you. I think the reason why Mommy left··· was because for a long time··· I kept trying to make her be a certain kind of person. A certain kind of wife that I thought she was supposed to be. And she just wasn't like that. She was··· She just wasn't like that. I think that she tried for so long to make me happy··· and when she couldn't, she tried to talk to me about it. But I wasn't listening. I was too busy, too wrapped up··· just thinking about myself. And I thought that anytime I was happy, she was happy. But I think underneath she was very sad. Mommy stayed here longer than she wanted because she loves you so much. And the reason why Mommy couldn't stay anymore··· was because she couldn't stand me. She didn't leave because of you. She left because of me. Go to sleep now because it's really late, okay? Good night. Sleep tight.

Billy Kramer: Don't let the bedbugs bite.

Ted Kramer: See you in the morning light.

Billy Kramer: Daddy?

Ted Kramer: Yeah?

Billy Kramer: I love you.

Ted Kramer: I love you too.

테드: 아들, 그렇게 생각하니? 아니야 빌리. 엄마가 너를 얼마나 사랑하
는데. 엄마가 떠난 이유와 너와는 아무 상관이 없어. 잘 될지 모르지만 설
명해볼게. 엄마가 떠난 이유는 이렇게 설명해 볼게. 아빠가 아주 오랫동안
엄마에게 집에만 있으며 너를 돌보며 살아야 한다고 강요했어. 그런데 그
게 말처럼 쉬운 일이 아니잖아. 엄마는 오랫동안 아빠 기분을 맞추어 주려
고 애썼는데 힘들었나 봐. 엄마는 아빠와 이야기하고 싶었는데 아빠는 너
무 일이 많고 바빠서, 그러니까 아빠 생각만 하느라고 그 말을 들어주지
않았어. 아빠만 행복하면 엄마도 행복할 거라고 생각했지. …그런데 엄마
는 마음속으로 너무 슬펐나 봐. 그래도 엄마가 그간 떠나지 않은 이유는
너 때문이었어. 그러다가 도저히 아빠를 견딜 수 없어서 엄마는 떠난 거야.
너 때문이 아니라 아빠 때문에 엄마는 떠난 거라고. 늦었으니 이제 자려
무나. 잘 자.
빌리: 아빠도 깨지 말고 푹 자요.
테드: 그래 아침에 보자.
빌리: 아빠?
테드: 왜?
빌리: 사랑해요.
테드: 사랑해.

누가 자식을 키워야 하나? 솔로몬에게 물어볼까?

1년 반이 지나 테드와 빌리의 생활이 어느 정도 정착될 무렵 조안나
가 돌아온다. 정신 치료도 받아 마음도 안정되고 뉴욕에 패션 디자이너
로 취직하고 집도 구했다. 조안나는 빌리를 데려가려 한다. 하지만 테드
가 그냥 빌리를 내어줄 리가 없다. 결국, 두 사람은 빌리의 양육권(custo-

dy)을 놓고 재판을 벌인다. 그래서 영화의 제목이 '크레이머(Kramer) 대 크레이머(Kramer)'다.(성이 둘 다 크레이머인 사람끼리 재판을 벌인다는 의미) 미국에서는 여자가 결혼하면 대체로 남자 성을 따르므로 테드 크레이머(Ted Kramer)와 조애너 크레이머(Joanna Kramer)가 재판을 벌인다는 이야기다. 재판은 두 사람을 대신한 두 변호사 간의 설전으로 치열하게 전개된다. 재판 마지막에 테드가 재판장에게 호소한다.

Ted Kramer : My wife used to always say to me, "Why can't a woman have the same ambitions as a man." I think you're right. Maybe I've learned that much. But by the same token, I'd like to know, what law is it that says a woman is a better parent simply by virtue of her sex? I've had a lot of time to think about what it is that makes somebody a good parent, you know. It has to do with constancy. It has to do with patience. It has to do with listening to him. It has to do with pretending to listen to him when you can't even listen any more. It has to do with love - like, like, like she was saying. And I don't know where its written that says that a woman has a corner on that market. That a man has any less of those emotions than a woman does? Billy has a home with me. I've made it the best I could.

테드 : 재판장님, 제 아내는 언제나 저에게 "왜 여자는 남자처럼 야망을 품으면 안 되나요?"라고 말했지요. 그 말이 맞는 것 같습니다. 저도 그 점은 배운 것 같아요. 하지만 같은 맥락에서 질문합니다. 왜 법에서는 여자가 단지 여자라는 이유로 남자보다 아이를 더 잘 돌볼 수 있다고 주장하는지요? 어떻게 해야 좋은 부모가 되는지에 대해 오랫동안 생각했습니다. 일관성도 중요하고 인내도 중요합니다. 아이 말을 잘 들어주는 것도 중요하고요. 듣지 않지만 듣는 척하는 것도 중요합니다. 제 아내가 이야기한

것처럼 사랑도 큰 역할을 하지요. 그런데 어떤 근거로 여자가 이런 점에서 더 뛰어나다는 것인지, 남자는 여자보다 이런 감성이 부족하다는 것인지 모르겠어요. 빌리는 항상 집에 저와 함께 있어요. 저는 최선을 다해서 가정을 이루려고 했습니다.

대부분의 사람이 생각하는 것처럼, 재판장은 어린 자녀는 엄마와 함께 지내는 것이 더 바람직하다는 결정을 내렸다. 빌리는 이제 아빠를 떠나 엄마와 살아야 한다. 어떻게 하는 게 빌리에게 가장 좋을까? 물론 엄마 아빠와 함께 사는 일일 것이다. 부모가 아이를 양육하고 교육하는 일에 함께 힘을 합해야 자녀들이 정서적으로 안정이 되고 그들의 잠재력과 가능성을 가장 극대화할 수 있다는 점은 굳이 전문가의 의견을 빌리지 않더라도 누구나 알고 있다.

영화는 여기에서 끝나지 않는다. 이 멋진 영화를 아직 못 본 사람들을 위해 결론 부분은 남겨 놓는다. 아직 결혼하지 않은 젊은 남녀나 결혼해서 아이를 둔 부부들 모두 이 명화를 꼭 볼 것을 권유한다.

많은 사람이 사랑하는 위대한 시인 윌리엄 워즈워드의 〈무지개〉라는 시에서 "어린이는 어른의 아버지(The Child is father of the Man)"라고 묘사했다. 〈무지개〉를 보면 가슴 뛰던 어린아이의 순수한 마음이 어른이 되면 퇴색하고 변하는 현상을 시인의 순수한 언어로 표현했다. 어린아이의 순수한 마음을 지켜주는 일은 당연히 어른의 몫이다.

My Heart Leaps Up
무지개

윌리엄 워즈워스(William Wordsworth, 1770~1850)

My heart leaps up when I behold

A rainbow in the sky:
So was it when my life began;
So is it now I am a man;
So be it when I shall grow old,
Or let me die!
The Child is father of the Man;
And I could wish my days to be
Bound each to each by natural piety.

하늘의 무지개를 바라보면
내 가슴은 뛰놀아
내 삶이 시작되었을 때도 그러하였고
어른이 된 지금도 그러하나니
나 늙어진 뒤에도 여전히 그러하기를
아니면 나는 죽으리니
어린이는 어른의 아버지
바라기는 내 생의 하루하루가
자연의 경건함으로 이어지기를

예스터데이
Yesterday, 2019
오늘 같은 어제, 어제 같은 오늘

감독 대니 보일(Danny Boyle)
각본 리처드 커티스(Richard Curtis)
출연 히메시 파텔(Himesh Patel)
  릴리 제임스(Lily James)

사랑하는 일에도 재능이 필요한가요?

이런 영화를 제작할 수 있는 자유로운 상상력이 부럽다. 영화의 소재는 대중음악 역사상 가장 뛰어난 그룹인 비틀스(The Beatles, 1962~1970)와 그들이 만든 노래다. 1960년 영국 리버풀에서 결성한 4인조 밴드 비틀스[존 레논(John Lenon), 폴 매카트니(Paul McCartney), 조지 해리슨(George Harrison), 링고 스타(Ringo Starr)]는 활동 기간은 10년 남짓이지만 그 존재 자체가 음악의 한 장르다. 현대 팝 음악은 비틀스 전과 후로 나뉠 정도다. 대니 보일(Danny Boyle) 감독은 〈슬럼독 밀리어네어(Slumdog Millionaire)〉로 2009년 오스카 감독상을 수상했다. 우리나라에서도 큰 인기를 얻었던 영화 〈노팅 힐

캐롤 : 내가 들었던 노래 중에서 가장 아름다운 노래야.

로키 : 노래가 약간 처지긴 하지만 아름다운 노래네.

엘리 : 언제 작곡한 거야?

잭 : 내가 작곡한 게 아니야. 폴 메카트니 작곡이야. 비틀스(딱정벌레) 말이야.

캐롤 : 누구?

잭 : 비틀스 말이야.

캐롤 : 누구라고?

잭 : 존(레논), 폴(메카트니), 조지(해리슨), 링고(스타) 말이야 그 유명한 비틀스.

로키 : 어떤 딱정벌레 말하는 거야? 곤충 아니면 자동차 이름?

잭 : 노래하는 팝 그룹 비틀스 말이야.

잭 : **(비틀스를 모르는 친구들에게)** 와, 내가 들었던 농담 중에서 제일 재미없네.

닉 : 노래는 정말 좋았어.

잭 : 그냥 좋기만 한 노래가 아니야.

닉 : 아니야. 사고로 앞 이가 깨진 네 모습이 우습게 보인다고 너무 낙담할 필요는 없어. 노래 정말 좋았어.

잭 : 그냥 좋은 노래가 아니라니까. 지금까지 나온 노래 중에서 가장 위대한 노래라고.

캐롤 : 콜드플레이가 부른 노래도 아니고 그 사람들이 부른 노래 〈픽스 유〉는 아니잖아.

잭 : 〈픽스 유〉는 물론 아니야, 캐롤. 음악 중에서 가장 뛰어난 작품이라니까.

캐롤 : 와, 정말 갑자기 자신감이 엄청나게 늘었네.

돈보다 소중한 사람, 음악보다 귀중한 사람

비틀스는 약 8년간 활동하면서 총 13장의 앨범(비틀스가 작곡한 노래 188곡)을 발매했는데, 여기에 수록되었던 노래가 거의 모두 히트했고 비틀스 멤버들(2023년 현재 폴 메카트니와 링고 스타는 생존해 있다)과 존 레논과 조지 해리슨의 유가족들은 계속 엄청난 금액의 저작료를 받고 있다.(2019년 한 해만 저작료가 670만 달러, 87억 원이다.)

이 모든 노래를 오직 잭만 알고 있으니 잭은 엄청난 명성과 부를 얻기 시작한다. 잭은 미국 LA의 세계적 레코딩 회사와 독점 계약을 맺고 고향 서포크(Suffolk)를 떠나 LA로 갈 준비를 한다. 여자친구 엘리는 이제 다시 잭을 만나지 못할 것 같은 불안감에 파티장에서 취기를 빌려 일장 연설을 한다.

Ellie Appleton : Why would anyone ever leave Suffolk before the day they die?

[partygoers cheer]

Right, but if you must go to Los Angeles and hang out with perverts and drug addicts…

Jack Malik : I must.

Ellie Appleton : Then we wish you good luck and success. Or, even better, failure and a swift return.

엘리 : 죽기 전에 이 서포크를 떠나는 사람은 도대체 어떤 사람이야?

(파티에 모인 사람들이 환호한다.)

정말이야. 하지만 정말로 LA로 가서 변태들, 약쟁이들과 어울리겠다면 할 수 없지.

잭 : 꼭 가야 해.

엘리 : 그렇다면 행운과 성공을 빌어줄게. 아니면 다 털어먹고 빨리 돌아
오든지.

비틀즈 노래 덕분에 잭은 유명해지고 돈도 엄청나게 번다. 그렇지만
자기를 유일하게 응원하고 사랑해주던 엘리와 멀어진다. 또 다른 사람의
창작물을 훔쳤다는 죄책감에 잭은 행복해지기보다 점점 허무해진다.

엘리는 잭을 사랑하지만 이제 명성과 돈 때문에 너무나 달라져 버린
잭과 다시 예전처럼 돌아갈 수 없음을 깨닫고 잭에게 자신의 마음을 털
어놓는다.

Ellie Appleton : I've been waiting for half of my life for you
to wake up and love me. Having loved you for half a lifetime,
I realized when you left, that I had made a bad choice doing
that. And now, it's got even trickier because… if-when you
were playing in pubs, we were the perfect match but now,
ugh… I'm an actual school teacher in actual Lowestoft and
you're the world's greatest singer-songwriter.

엘리 : 내가 살아온 인생의 절반 동안 나는 네가 정신 차리고 나를 사랑
해주기를 기다렸어. 반평생 너를 사랑했는데, 네가 떠나고 나니 그렇게 한
것은 잘못된 결정이었음을 깨달았어. 그리고 사실 점점 일이 어려워지는
것이, 네가 싸구려 술집에서 노래하고 있을 때는 우리는 완벽한 한 쌍이었
어. 이제 나는 로스토프트에 있는 학교 교사고 너는 세계 최고의 작곡가
이며 가수잖아.

그러다가 잭은 존 레논을 만난다. 사실 존 레논은 마흔이 되던 1980
년 마크 채프먼이라는 정신병자에게 살해되었지만, 영화에서 그는 암살

당하지 않고 음악 활동도 하지 않은 채 시골에서 평범하게 살고 있다. 존 레논은 잭에게 충고한다.

John Lennon : You want a good life? It's not complicated. Tell the girl you love that you love her. And tell the truth to every-one whenever you can.

존 레논 : 멋있게 살고 싶어요? 복잡한 일이 아니에요. 사랑하는 여자에게 사랑한다고 말하고 항상 사람들에게 진실만을 말해요.

사랑을 위해서 엄청난 돈과 세계적 명성을 포기할 수 있을까? 영원한 가치를 얻는 대신 세상의 기쁨과 마약처럼 끊기 어려운 인기를 포기할 수 있을까? 영화의 마지막에 멋진 음악과 함께 반전이 펼쳐진다. "해리 포터가 누구야?"(Who's Harry Potter?)라는 대사도 나온다. 훌륭한 음악 영화다. 특히 마지막 20분이 감동이다.

영화로 보고
영어로 읽는 세상

그랜드 부다페스트 호텔
The Grand Budapest Hotel, 2014
아득한 옛 유럽의 그림자

감독	웨스 앤더슨(Wes Anderson)
각본	웨스 앤더슨(Wes Anderson)
출연	랄프 파인스(Ralph Fiennes)
	머레이 아브라함(F. Murray Abra-
	ham)

가슴 아려오는 그리움

웨스 앤더슨(Wes Anderson) 감독의 영화는 특별하다. 화면에서 눈을 뗄 수가 없다. 각 장면이 수채화나 유화 작품과 진배없다. 조금만 지나치면 자칫 유치해질 수 있는 한계를 절묘하게 넘지 않는 아름다움이 있다. 또 집착이라고 표현할 수 있을 정도로 화면 속 등장인물과 소품의 좌우 대칭 및 균형을 강조한다. 대충 넘어가는 법이 없다.

웨스 엔더슨이 만든 영화에는 가슴 한편이 먹먹해지는 노스탤지어가 담겨 있다. 노스탤지어는 내가 겪었던 과거의 일을 그리워한다는 의미도 있지만, 내가 아직 겪지는 않았어도 어딘가에는 있는 현상이나 사물에 대해 설명하기 어려운 막연한 그리움을 묘사할 때도 사용한다. 그랜드 부다페스트 호텔도 이런 노스탤지어를 제대로 자극하는 영화다.

앤더슨 감독은 텍사스 출신의 미국인임에도 불구하고 이 영화에는 사라지고 있거나 잊히고 있는 옛 유럽의 노스탤지어가 배어 있다. 영화의 이름에 동유럽 헝가리의 수도인 부다페스트(Budapest)가 들어가 있는 것도 그 증거이다.

이 영화는 1940년 7월 일제 강점기 시절 김광균 시인이 발표한 추일서정(秋日抒情)의 시작 부분을 생각나게 한다.

추일서정(秋日抒情)

김광균

낙엽은 폴란드 망명 정부의 지폐
포화(砲火)에 이즈러진
도룬 시의 하늘을 생각게 한다.
길은 한 줄기 구겨진 넥타이처럼 풀어져
일광(日光)의 폭포 속으로 사라지고
조그만 담배 연기를 내어뿜으며
새로 두 시의 급행열차가 들을 달린다.

일제 강점기 시절, 희망 없는 세상에서 무력한 지식인으로 살아가는 일도 쉽지 않았을 일. 답답한 마음을 멀리 있는 독일 나치에 점령당한 동유럽의 한 나라 폴란드의 망명 정부에 담아 마음을 달래려 애쓰던 시인의 아련한 노스탤지어가 느껴진다.

옛 유럽의 아름다운 그림자

웨스 앤더슨(Wes Anderson) 영화 세계는 오스트리아 소설가 슈테판 츠바이크(Stefan Zweig, 1881~1942)의 영향을 많이 받았다고 한다. 섬세한 감수성을 가진 뛰어난 소설가이며 동유럽을 사랑했던 츠바이크는 독일 히틀러 정권에 저항하다가 1940년 브라질로 피신한다. 2년 후 부인과 함께 수면제 과다 복용으로 사망하기 전까지 그는 유럽을 그리워하며 사라져 가는 유럽의 문화와 아름다움을 전하려 애썼다고 전해진다. 앤더슨 감독은 영화 마지막에 다음과 같은 대사를 남겨 슈테판 츠바이크를 기린다.

Young Writer : A week later, I sailed for a cure in South America, and began a long, wandering journey abroad. I did not return to Europe for many years. It was an enchanting old ruin… But I never managed to see it again.

젊은 작가 : 일주일 후에, 나는 치료를 위해 남미로 출발해 길고도 정처 없는 여정을 시작했다. 나는 수년간 유럽으로 돌아오지 않았다. 유럽은 파괴되었지만… 마음을 사로잡는 곳이다. 그러나 다시 돌아갈 수는 없다.

작가는 글을 쓰는 사람이지만 거미가 거미줄을 만들어 내듯이 글이 줄줄 나오는 것은 아니다. 위대한 작가의 작품은 독자와 협업에서 탄생한다. 츠바이크가 정말 사랑하는 유럽과 유럽인을 떠나자 자신도 모르게 글을 쓸 수 있는 소재가 고갈되고 글도 써지지 않아서 살아갈 미련이 사라진 것은 아닐까. 뿌리를 잃으면 누구나 외롭고 힘들다. 작가와 그 작가를 사랑하는 애독자의 관계를 영화에서 다음과 같이 표현했다.

Author : It is an extremely common mistake. People think the writer's imagination is always at work, that he's constantly inventing an endless supply of incidents and episodes; that he simply dreams up his stories out of thin air. In point of fact, the opposite is true. Once the public knows you're a writer, they bring the characters and events to you. And as long as you maintain your ability to look, and to carefully listen, these stories will continue to….

젊은 작가 : 사람들이 정말 흔하게 범하는 실수가 있다. 사람들은 작가의 상상력이 항상 작동 중이며 작가는 여러 사건과 에피소드를 지속해서 만들어 내고 아무것도 없는 곳에서 이야기가 술술 나온다고 생각한다. 이는 전혀 사실이 아니다. 사람들은 당신이 작가라는 것을 알게 되면 당신에게 주인공이 될 만한 사람들과 사건을 가지고 온다. 당신이 제대로 보는 안목과 듣는 능력을 유지하면 당신의 이야기는 계속 나오게 되어 있다.

멋진 호텔, 멋진 사람들

영화에서 호텔 지배인 구스타브[Gustave, 랄프 파인스(Ralph Fiennes) 분]는 성격은 괴팍하지만, 호텔을 사랑하고 손님들에게 최선을 다하며 호텔의 존재 이유(raison d'être)를 지키고 빛내기 위해 애쓰는 인물이다. 호텔에서 로비 보이(심부름꾼)로 일하다가 결국 호텔을 물려받는 제로 무스타파[Zero Moustafa, 머레이 아브라함(Murray Abraham) 분]가 호텔의 전성기와 전쟁, 쇠퇴기를 겪어나가며 호텔을 살리기 위해 애쓰는 과정이 그림처럼 묘사된다.

이 호텔은 실존하는 호텔은 아니고 체코의 그랜드호텔 퍼프(The Grandhotel Pupp)를 모델로 하고 있다.

구스타브는 호텔에서 각양각색의 많은 사람을 상대해야 하는 제로 무스타파에게 사람의 속성에 대해 함축적으로 다음과 같이 충고한다. 그는 사람의 속성을 정확하게 파악하고 있는 현명한 사람이다.

M. Gustave : Rudeness is merely an expression of fear. People fear they won't get what they want. The most dreadful and unattractive person only needs to be loved, and they will open up like a flower.

구스타브 : 무례한 사람은 겁에 질려 있어. 사람들은 자신이 원하는 바를 얻지 못하면 두려워해. 겁에 질려 보기도 싫은 사람들도 사랑만 받으면 꽃처럼 피어나기 마련이거든.

구스타브는 호텔을 제로에게 물려주기로 마음먹는다. 한편 구스타브는 누명을 쓰고 옥에 갇혀서 호텔 직원들에게 편지를 보낸다.

M. Gustave : [narrates] I miss you deeply as I write from the confines of my regrettable and preposterous incarceration. Until I walk amongst you again as a free man, the Grand Budapest remains in your hands, as does its impeccable reputation. Keep it spotless, and glorify it. Take extra-special care of every little bitty bit of it as if I were watching over you like a hawk with a horse-whip in its talons, because I am. Should I discover a lapse of any variety during my absence, I promise swift and merciless justice will descend upon you. A great and noble house has been placed under your protection. Tell Zero if you see any funny business.

구스타브 : 안타깝고 말도 되지 않게 감옥에 갇히게 되었지만, 여러분에게 한마디 해야 하겠습니다. 내가 다시 자유의 몸이 되어서 여러분과 함께 걷기 전까지 그랜드 부다페스트는 여러분 손에 달려있어요. 여러분이 그 명성을 지켜야 합니다. 먼지 하나 없이 누가 보아도 감탄이 나오게 돌봐야 합니다. 내가 긴 채찍을 든 매가 되어 하늘에서 여러분을 쳐다보고 있다고 생각하고 조금의 빈틈도 없이 호텔을 돌보세요. 만일 내가 없는 동안 조금이라도 일이 잘못 돌아가고 있다는 점을 발견하면 조금의 용서함도 없이 엄벌이 떨어질 겁니다. 위대한 호텔이 여러분 손에 달려있습니다. 조금이라도 이상한 일이 생기면 제로와 상의하세요.

그리고 시간이 흐르고 난 후에 제로(무스타파)에게 호텔을 넘긴다.

M. Gustave : If I die first, and I almost certainly will, you will be my sole heir. There's not much in the kitty, except a set of ivory-backed hairbrushes and my library of romantic poetry, but when the time comes, these will be yours.

구스타브 : 내가 죽거든, 거의 틀림없이 죽을 것이니, 호텔은 네 소유야. 돈은 얼마 남지 않을 거야. 머리빗과 낭만주의 시집 정도나 있겠지. 어쨌건 시간이 되면 호텔을 넘겨줄게.

영화에서 무스타파는 젊은 작가에게 구스타브를 회상하며 이야기한다.

Mr. Moustafa : [on M.Gustave] There are still faint glimmers of civilization left in this barbaric slaughterhouse that was once known as humanity… He was one of them. What more is there to say? To be frank, I think his world had vanished long before he ever entered it. But I will say, he certainly sustained the illusion with a marvelous grace.

무스타파:(구스타브에 관해 설명하며) 이 험한 세상에도 한때 사람 사는 세상이라고 알려진 문명의 희미한 잔상이 아직 남아 있죠. 구스타브는 그런 사람이지요. 무엇을 더 말할 수 있을까요? 솔직히 말하면 사람 사는 세상다운 세계는 그가 들어오기도 전에 사라졌어요. 하지만 구스타브는 남에게 베풀면서도 세상은 아직 아름답다는 환상을 몸으로 지키고 있었지요.

무스타파도 돈에 관심이 없다. 오히려 돈의 해악에 대해 냉소적이다.

Mr. Moustafa : When the destiny of a great fortune is at stake, men's greed spreads like a poison in the bloodstream. Uncles, nephews, cousins, in-laws of increasingly tenuous connection.

무스타파 : 커다란 재산이 누구에게 갈지를 결정해야 하는 순간이 오면 사람들의 탐욕은 피 안에 독이 들어온 것처럼 퍼지게 되죠. 삼촌과 조카, 사돈 등등 조금이라도 관계가 있는 사람들이 다 몰려오지요.

호텔을 물려받은 무스타파는 호텔의 영광을 지키기 위해 노력하지만 호텔은 전성기가 지나고 쇠락한다. 마치 2차 세계 대전 후 세계의 정치 경제 주도권이 유럽에서 미국으로 넘어갔듯이.

유럽을 사랑하는 웨스 앤더슨 감독은 이 영화에서 사라져 가는 유럽의 아름다움과 우아함을 표현하고 옛 유럽의 영광을 그리워했던 소설가 스테판 츠바이크의 작가 정신을 기리기 위해 노력했다. 앤더슨은 대박 흥행을 기록하는 감독은 아니지만 팬심이 단단하여 어떤 영화를 개봉해도 팬들은 그를 따라다닌다. 또 그의 영화만 일부러 시간 내어 단골로 출연하는 배우들이 있을 정도로 그의 작품성을 좋아하고 작품 제작

에 참여하기를 원하는 배우들도 많다. 사랑하는 사람과 함께 이 아름다
운 영화를 관람하며 옛 유럽의 노스탤지어에 한 번 빠져 보는 것은 어
떨까.

Cinema 7

바비
Bobby, 2006
아름다운 꿈은
이루어지지 않아도 아름답다

감독　에밀리오 에스테베즈
　　　(Emilio Estevez)
각본　에밀리오 에스테베즈
　　　(Emilio Estevez)
출연　앤서니 홉킨스(Anthony Hopkins)
　　　데미 무어(Demi Moore)
　　　샤론 스톤(Sharon Stone)

아름다운 사람

　영화 〈바비(Bobby, 2006)〉는 1968년 6월 6일 42세의 나이에 암살되어
세상을 떠난 로버트 케네디(Robert Francis Kennedy)의 마지막 날을 소재로
한다. 이 날은 민주당 대통령 후보를 결정하기 위한 캘리포니아 예비 선
거에서 로버트 케네디가 승리한 날이다. 로버트 케네디는 1963년 암살
로 세상을 떠난 미국 35대 대통령 존 에프 케네디(John F. Kennedy)의 동생
이다. 케네디 행정부에서 법무장관으로 케네디 대통령을 도왔다.

　1968년 4월 4일, 흑인 민권 운동을 주도했던 마틴 루터 킹(Martin Luther
King) 목사가 암살됐고, 흑인들과 이에 동조한 백인들의 폭동이 미국을 휩쓸고 지나갔다. 킹 목사는 비폭력 저항 운동을 주도하며 흑인의 인권과 정치 현실을 개선하기 위해 평생 헌신했다. 킹 목사가 암살된 사건은 흑인과 백인 진보 세력뿐 아니라 온 미국인에게 엄청난 슬픔과 충격을 안겨 주었다.

다음은 1963년 8월 28일, 마틴 루터 킹 목사가 미국의 워싱턴 D.C. 링컨 기념관 발코니에서 워싱턴 기념탑을 바라보며 한 연설의 일부다. 이 연설 이후 미국 정치인들은 흑인의 비참한 현실을 개선하기 위한 노력에 적극 참여했다.

I have a dream that one day this nation will rise up and live out the true meaning of its creed, "We hold these truths to be self-evident, that all men are created equal."
I have a dream that one day on the red hills of Georgia, sons of former slaves and the sons of former slave owners will be able to sit down together at the table of brotherhood.
I have a dream that one day even the state of Mississippi, a state sweltering with the heat of injustice, sweltering with the heat of oppression, will be transformed into an oasis of freedom and justice.
I have a dream that my four little children will one day live in a nation where they will not be judged by the color of their skin but by the content of their character.
I have a dream today!

나에게는 꿈이 있습니다. 언젠가 이 나라가 모든 인간은 평등하게 태어났다는 것을 자명한 진실로 받아들이고, 그 진정한 의미를 신조로 살아가게 되는 날이 솟아오리라는 꿈입니다.
나에게는 꿈이 있습니다. 언젠가는 조지아의 붉은 언덕 위에 옛 노예의 후손들과 옛 주인의 후손들이 형제애의 식탁에 함께 둘러앉는 날이 오리

라는 꿈입니다.

나에게는 꿈이 있습니다. 언젠가는 불의의 열기에, 억압의 열기에 신음하는 저 미시시피주마저도 자유와 평등의 오아시스로 변할 것이라는 꿈입니다.

나에게는 꿈이 있습니다. 나의 네 아이가 피부색이 아니라 인격에 따라 평가받는 그런 나라에 살게 되는 날이 오리라는 꿈입니다.

지금 나에게는 꿈이 있습니다!

백성의 눈에서 눈물을 씻기고

흑인 민권 운동의 중심인 마틴 루터 킹 목사가 암살당하자 미국은 극심한 혼란과 갈등에 빠진다. 비통한 미국인의 마음을 치유하고 국민을 단결시키기 위해 로버트 케네디는 대통령 선거에 뛰어들었다.

로버트 케네디는 형 존 에프 케네디(John F. Kennedy) 대통령이 추구했던 인종 차별 철폐와 공정한 경제, 평화적 외교, 권력과 힘의 분배 등을 선거 공약으로 내걸었다.

정치의 최종 목표는 무엇일까? 직업 정치인들은 어떤 일을 성취하기 위해 애쓰는가? 정치학자들이 대답할 일이지만 다음의 성경 구절에서 그 실마리를 얻을 수 있으리라.

주 여호와께서 모든 얼굴에서 눈물을 씻기시며 자기 백성의 수치를 온 천하에서 제하시리라. 여호와께서 이같이 말씀하셨느니라(이사야서 25: 8)

The Sovereign LORD will wipe away the tears from all faces; he will remove the disgrace of his people from all the earth. The LORD has spoken.(Isaiah 25:8)

타고난 환경의 차이와 고치기 어려운 조건 때문에 힘들어하는 백성들을 위로하고 그들의 처지와 환경을 개선할 수 있다는 희망을 제시하며 이를 달성하기 위해 애쓰는 일이 정치가의 임무라고 믿는다.

로버트 케네디도 정치를 시작하며 정치가는 '권위에 대한 신뢰를 잃고 가난하며 소외된(disaffected, the impoverished, and the excluded)' 계층의 상황을 조금이라도 개선하기 위해 힘써야 함을 항상 강조했다. 로버트 케네디의 연설에서도 케네디의 정치관과 민중에 대한 생각을 명확하게 읽을 수 있다.

Robert F. Kennedy : What I think is quite clear is that we can work together in the last analysis and that what has been going on in the United States over the period of the last three years, the division, the violence, the disenchantment with our society, the division whether it's between black and white, between the poor and the more affluent or between age groups or over the war in Vietnam, that we can start to work together. We are a great country and selfless country and compassionate country.

로버트 케네디 : 우리는 현재 미국 상황을 정확히 분석한 후에 힘을 합쳐 일할 수 있습니다. 최근 3년간 미국에서 일어난 일들은 분열과 폭력, 사회

의 붕괴입니다. 흑인과 백인의 분열과 소득 차에 따른 분열, 세대 간의 분열, 베트남 전쟁에 대한 분열입니다. 우리는 다시 시작할 수 있습니다. 미국은 위대한 나라이고 서로를 돕는 국가입니다.

Robert F. Kennedy: We must admit in ourselves that our own children's future cannot be built on the misfortunes of others. We must recognize that this short life can neither be ennobled or enriched by hatred or revenge. Our lives on this planet are too short and the work to be done too great to let this spirit flourish any longer in our land. Of course we cannot vanquish it with a program, nor with a resolution. But we can perhaps remember, if only for a time, that those who live with us are our brothers, that they share with us the same short moment of life; that they seek, as do we, nothing but the chance to live out their lives in purpose and in happiness, winning what satisfaction and fulfillment they can. Surely, this bond of common faith, this bond of common goal, can begin to teach us something. Surely, we can learn, at least, to look at those around us as fellow men, and surely we can begin to work a little harder to bind up the wounds among us and to become in our own hearts brothers and countrymen once again.

로버트 케네디: 우리는 분명히 알아야 합니다. 미래 우리 아이들은 부모에게 받은 혜택 여부와 상관없이 함께 살아가야 합니다. 우리의 짧은 인생은 미움이나 복수로 인해 거룩해지거나 풍족해지는 것이 아닙니다. 이런 미움과 앙갚음이 이 세상을 지배하도록 방치하기에는 우리의 삶은 너무 짧고 할 일은 너무 많습니다. 프로그램을 잘 세우거나 마음을 굳게 먹는다고 이런 부정적인 요소들이 사라지지는 않을 것입니다. 그러나 이 점은 기억합시다. 우리와 함께 살았던 사람들은 우리 형제들이고, 이들과 우리가 함께 이 세상에서 보낼 시간도 그리 길지 않습니다. 그들도 우리와 마찬가지로 이 세상에 사는 동안 목적이 있고 행복한 삶을 살 권리가 있으며, 이를 만족하며 이루어 가는 삶을 살아야 한다는 점입니다. 우리의 공

통된 믿음과 목표를 통해 우리가 반드시 배워야 할 것입니다. 우리는 배울 수 있습니다. 아니면 최소한 우리 곁에 있는 사람들을 동료로 받아들일 수 있습니다. 조금 더 나아가 서로의 상처를 동여매고 함께 마음을 열어 한 형제로 품어야 합니다.

I have not come here to propose a set of specific remedies nor is there a single set. For a broad and adequate outline we know what must be done. When you teach a man to hate and fear his brother, when you teach that he is a lesser man because of his color or his beliefs or the policies he pursues, when you teach that those who differ from you threaten your freedom or your job or your family, then you also learn to confront others not as fellow citizens but as enemies, to be met not with cooperation but with conquest; to be subjugated and mastered.

여기에 확실한 해결책을 제시하려고 온 것도 아니고 또 그런 해결책이 있을 수도 없습니다. 넓게 살펴보면 우리가 해야 할 일을 알고 있습니다. 다른 사람을 미워하거나 형제들을 두려워하라고 가르친다면, 또 피부색이나 믿음, 추구하는 정책이 다르다는 이유로 다른 사람을 미워하라고 가르친다면, 또 너와 다른 사람이 바로 그 다른 점 때문에 다른 사람의 자유나 일자리, 가정에 위협이 된다고 가르친다면, 당신은 사람을 동포로 대하는 것이 아닌 원수로 취급하는 것입니다. 협력을 추구하는 대신 점령의 대상으로 삼고 있다면, 정복해서 굴종시키려는 상대로 여기고 있는 것입니다.

꿈은 이루지 못했지만

영화에 등장하는 로버트 케네디를 지지하는 사람들은 한결같이 결함과 상처가 있는 '보통 사람'들이다. 다른 사람의 아픔을 이해하고 분열과 미움 없이 함께 살아야 한다는 점을 이해하는 사람들이다.

　로버트 케네디가 암살되지 않고 대통령이 되었으면 미국과 세상이 어떻게 달라졌을까? 아무도 모를 일이다. 그는 꿈을 실현하지 못했다. 그러나 우리는 그가 이루고자 했던 이상과 꿈을 높이 사야 한다.

　미국의 단결과 번영을 위해 노예 제도 철폐를 관철한 에이브러햄 링컨(Abraham Lincoln) 대통령은 자신의 정치 철학의 정수를 다음과 같이 표현했다.

I am not bound to win, but I am bound to be true. I am not bound to succeed, but I am bound to live up to what light I have.

내가 꼭 승리하리라는 보장은 없지만 나는 진리를 추구한다. 내가 성공하리라는 법은 없다. 그러나 나를 이끌어주는 진리의 원칙이라는 빛을 따라 살아갈 것이다.

　로버트 케네디는 원칙과 진리를 따라 살아가며 미국의 분열을 막으려고 노력한 정치인이다. 그러기에 많은 사람이 아직도 케네디 형제와 그들의 원칙과 정치적 신념을 그리워한다. 자신의 정치적 성향과 상관없이 훌륭한 정치인과 그를 좋아했던 보통 사람들의 모습을 감상하고 싶다면 이 영화를 추천한다.

영화로 보고
영어로 읽는 세상

Cinema 8

퀴즈 쇼
Quiz Show, 1994
이카로스의 날개

감독 로버트 레드포드(Robert Redford)
각본 폴 아타나시오(Paul Attanasio)
출연 랄프 파인스(Ralph Fiennes)
롭 모로우(Rob Morrow)

보이는 것이 모두가 아니다

이 영화는 실제 사건에 바탕을 두고 있다. 1956~1958년까지 방송된
미국 NBC의 〈Twenty One〉은 두 명의 경쟁자가 정해진 점수를 얻을
때까지 점수 배당이 다른 퀴즈 문제를 맞히며 경쟁하는 퀴즈 프로그램
이다. 출연자들이 난이도 높은 문제를 극적으로 풀어가는 과정을 시청
자들이 즐기며 선풍적인 인기를 얻었다. 출제 문제는 진행자 혼자만 알고
있을 것이라는 사실을 아무도 의심하지 않았다. 마치 1960~70년대에 선
풍적인 인기를 끌었던 프로 레슬링이 서로 짜맞춘 각본에 의해 진행된다
는 사실을 아무도 모르고 있었던 것처럼. 그러나 프로 레슬링이 아무런

사전 약속이나 각본 없이 진행된다면 게임마다 부상자나 사망자가 속출할 것이다. 마찬가지로 아무 각본 없이 어려운 문제를 푸는 퀴즈를 진행한다면 방송국이 원하는 재미있고 극적인 상황은 나오지 않을 가능성이 매우 크다.

〈Twenty One〉은 퀴즈쇼의 외향은 갖추고 있지만 사실은 오락 프로그램이었다. 참가자들에게 미리 문제와 해답을 알려주고, 언제 정답을 맞히고 틀릴지를 각본에 의해 진행한다. 사람들은 아슬아슬한 게임을 마치 한 편의 연속극을 보듯이 떨리는 마음으로 즐긴다. 방송국은 광고를 통해 엄청난 돈을 벌고 게임쇼 참가자들도 충분한 보상을 받는다. 각 방송국에서는 경쟁적으로 퀴즈 프로그램을 제작했다.

1956년 11월 당시 퀴즈쇼의 연속 승자는 뉴욕 퀸즈의 가난하고 보잘 것없는 외모의 젊은 유대인 허비 스템플(Herbie Stemple)이었다. 계속 승리를 거두지만, 사람들은 그에게 큰 매력을 느끼지 못하고 시청률은 정체된다. 광고주와 방송국 회장은 더욱 극적인 전개와 호감이 가는 출연자를 원하며 방송국에 출연자 교체를 요구한다. TV에서 스템플을 본 광고주는 다음과 같이 말한다.

Well, there's a face for radio.
라디오에 나가면 딱 맞을 얼굴이네.

쇼의 프로듀서인 댄 엔라이트(Dan Enright)는 스템플에게 쇼에서 하차하라고 최종 통보한다.

Dan Enright : Well, it's the damndest thing, but you've pla-teaued.

Herbie Stemple : Plateaued? What - wh-what kind of word is that?

Dan Enright : Plateaued? Uh, it's well, it's like, uh, you···.

Herbie Stemple : You mean, people don't like me anymore?

Dan Enright : No, no, no. It's not you, per se. It's just···.

Herbie Stemple : Maybe I should get my teeth capped

Dan Enright : No, it's the nature of the show. They've already seen you win, and they want something new.

Herbie Stemple : So, what are you saying? Th - You think they want me to lose?

Dan Enright : Well, don't you think that's natural?

Herbie Stemple : Don't do this to me, it's humiliating.

Dan Enright : For seventy grand, Herb, you can afford to be humiliate

댄 : 정말 일이 안 풀리네, 당신 출연분의 퀴즈 쇼는 시청률이 올라가기는 커녕 정체 상태야.

허비 : 정체라니 그게 무슨 말이죠?

댄 : 그러니까··· 당신도 무슨 말인지 알 텐데.

허비 : 프로듀서님 말씀은 시청자들이 저를 이제는 좋아하지 않는다는 말인가요?

댄 : 그게, 꼭 당신을 싫어한다는 뜻은 아니고···.

허비 : 앞 치아를 때워서 보기 좋게 할까요?

댄 : 아니 그냥 이 쇼 성격이 원래 그래. 시청자들은 당신이 승리하는 것을 여러 번 보았으니 이제 새로운 볼거리를 원하는 거지.

허비 : 그래서 뭘 말하려는 거지요? 위에서 제가 패하기를 원하나요?

댄 : 그게 당연한 순서라는 생각이 들지 않아?

허비 : 제발 이러지 마세요. 너무 치욕적이네요.

댄 : 허비, 자네 7만 달러 벌었잖아. 그 돈이면 이 정도는 감당할 수 있지.

쇼 제작자들이 허비 스템플을 대신해 찾아낸 인물은 찰스 밴 도렌 (Charles Van Doren)이다. 훤칠한 인물의 찰스 벤 도렌은 미국 명문 아이비리그 대학인 컬럼비아 대학(Columbia University)에서 천체 물리학 석사와 영문학 박사를 취득하고 그 대학 영문학과 강사로 재직 중이다. 그의 아버지는 미국의 최고 권위의 문학상인 퓰리처상을 받은 소설가이자 컬럼비아 대학교 영문학과 교수인 마크 반 도렌(Mark Van Doren)이다. 어머니와 삼촌 등 가족이 유명한 작가와 학자 집안이다.

찰스는 14주 동안 계속 승리하며 미국 전역에서 선풍적인 인기를 얻는다. 물론 문제와 정답은 방송국이 알려주고 찰스는 프로듀서의 각본대로 행동하면 된다. 14주 동안 12만 달러를 벌었다. 이는 현재의 달러 가치로는 100만 달러(14억 원)가 넘는 금액이다. 찰스는 어떤 배우나 가수 정치인 못지않은 인기를 얻는다. 아버지에게 자랑삼아 이런 이야기도 털어놓는다.

Charles Van Doren : Last week alone, I had 11 proposals of marriage!
Mark Van Doren : Perhaps you should accept one of them.

찰스 : 지난주에만 나하고 결혼하자는 프러포즈를 열한 번 받았어요.
마크(찰스의 아버지) : 그중에 하나는 받아들이지 그랬니.

다른 사람의 힘으로 너무 높게 날았네

그러나 여러 사람을 오랫동안 속일 수는 없다. 방송국의 타락과 부패를 고치려 애쓰던 한 변호사[딕 굿윈(Dick Goodwin)]는 이 사건을 집요하게 추적한다.

Dick Goodwin : Hey, you don't have to be a genius to connect the dots.

Charles Van Doren : Well, don't connect them through me.

Dick Goodwin : Hey, don't treat me like some member of your goddamn fan club. Are you telling me everybody got the answers but you?

Charles Van Doren : You're so persistent, Dick. You know, I really envy that.

Dick Goodwin : Was it just the money, Charlie?

Charles Van Doren : You'll forgive me, but anyone who thinks money is ever "just money" couldn't have much of it.

Dick Goodwin : Charlie, you wanna insult me, fine, but you can't envy me at the same time.

딕 : 이봐요. 전후 사정을 연결해서 해답을 추리하는 일은 천재가 아니라도 할 수 있어요.

찰스 : 좋은데요. 다만 나를 엮어 넣지는 말아요.

딕 : 나를 당신 팬클럽 중 한 명으로 취급하지 말아요. 그러니까 다른 사람들은 미리 해답을 받았는데 당신은 받지 않았다는 이야기인가요?

찰스 : 당신 정말 끈질기네요. 정말 부러울 정도예요.

딕 : 찰리, 돈 때문에 이러는 거요?

찰스: 미안하지만, 이 이야기는 꼭 해야겠네요. 돈은 그냥 '돈'뿐이라고 생각하는 사람은 돈을 많이 소유하지 못한 사람일 뿐이에요.

딕: 찰리, 나를 모욕할 수는 있겠지만 당신은 나를 부러워하고 있는 것도 사실이잖소.

결국, 모든 거짓이 드러나고 찰스는 아버지에게 모든 일을 고백한다.

Mark Van Doren: I'm sorry, Charlie. I'm an old man; it's all a little difficult for me to comprehend!

Charles Van Doren: It's television, Dad. It's··· it's just··· just television···

Mark Van Doren: You make it sound like you didn't have a choice!

Charles Van Doren: What was I supposed to do at that point, disillusion the whole goddamn country?

마크: 아들, 미안하지만 내가 이제는 나이가 들었기 때문인지 무슨 말인지 도대체 이해가 잘 안 되는구나.

찰스: 아버지, 그냥 텔레비전이라서 그래요. 텔레비전.

마크: 마치 그것 말고는 다른 선택은 없었다는 듯이 말하는구나.

찰스: 그러면 인제 와서 어떻게 해요? 온 나라 사람들을 환상에서 깨워야 하나요?

결국, 찰스는 모든 것을 잃고 추락한다.

Charles Van Doren: I've stood on the shoulders of life, and I've never gotten down into the dirt to build, to erect a foundation of my own. I've flown too high on borrowed wings.

Everything came too easy.

찰스: 나는 사람들 위에 서 있기만 했지요. 땅에 내려와서 스스로 기초를 쌓아 올릴 생각은 하지 못했어요. 남이 빌려준 날개를 달고 너무 높게 날았네요. 모든 것을 너무 쉽게 얻었어요.

이 독백은 그리스 신화의 이카로스(Icarus, καρο)를 연상케 한다. 이카로스는 밀랍으로 만든 날개를 달고 신들의 경고를 무시한 채 태양 가까이 날아갔다가 날개가 녹아 추락했다.

진실은 어두움 속에서도 빛난다

이후 찰스 반 도렌은 공식적인 활동을 하지 못했다. 가명으로 책을 쓰고 나중에는 대영백과사전 편찬을 돕는 등 음지에서 활동하다가 2019년 93세로 사망했다. 이 사건으로 각 방송국의 퀴즈 쇼는 대폭 축소되거나 폐지되었다. 그러나 텔레비전은 새로운 오락거리와 볼거리를 계속 만들었고 사람들은 다시 텔레비전으로 몰려들었다. 이 사건을 폭로하며 거대 재벌들이 운영하는 텔레비전의 대오각성(大悟覺醒)과 자정(自淨)을 꿈꾸었던 딕 굿윈은 씁쓸하게 독백한다.

Dick Goodwin: I thought we were gonna get television. The truth is… television is gonna get us.

딕: 텔레비전을 잡아서 혼내주려고 했는데, 사실 우리가 텔레비전에 잡히고 말았네.

21세기 들어 20년이 지났다. 영원할 것 같았던 텔레비전도 새로운 볼거리와 전달 수단인 인터넷의 발달로 크게 변하고 있다. 세상에 영원한 것은 없다. 권력도 볼거리도. 그렇다면 우리가 찾고 추구해야 할 영원한 진리는 어디에 있을까? 2천 년 전에 이 땅에 와서 우리를 세상과 악의 속박에서 해방하려 했던 예수의 가르침에서 진리의 실마리를 얻는다.

그러므로 예수께서 자기를 믿은 유대인들에게 이르시되 너희가 내 말에 거하면 참으로 내 제자가 되고 진리를 알지니 진리가 너희를 자유롭게 하리라 (요한복음 8:31-32)

To the Jews who had believed him, Jesus said, "If you hold to my teaching, you are really my disciples then you will know the truth, and the truth will set you free."(John 8:31-32)

비긴 어게인
Begin Again, 2013
다시, 시작하자!

감독 존 카니(John Carney)
각본 존 카니(John Carney)
출연 키이라 나이틀리(Keira Knightley)
　　　마크 러팔로(Mark Ruffalo)
　　　애덤 리바인(Adam Levine)

사람을 믿지 말자

존 카니(John Carney) 감독의 음악 영화 3부작, 〈원스(Once, 2007)〉, 〈비긴 어게인(Begin Again, 2013)〉, 〈싱 스트리트(Sing Street, 2016)〉 중에서 비긴 어게인은 미국 뉴욕시가 무대고 나머지 두 영화는 아일랜드가 배경이다. 존 카니 감독은 밴드 경험도 있는 음악을 사랑하는 아일랜드 출신 감독이다.

세 영화 모두 실패와 어려움이 있어도 다시 시작할 수 있다고 격려하고 채근하는 감독의 마음이 느껴진다.

저예산 독립영화로 만들어져 엄청난 흥행을 거둔 〈원스〉(예산, 12만 달러(약 1억 3천만 원) 흥행수입, 2,300만 달러(약 270억 원)와는 달리, 〈비긴 어게인〉은 영국과 미국의 유명 배우와 상당한 예산(800만 달러, 약 80억 원)을 투자해 전 세계적으로 흥행에 성공했다. 투자 대비 약 8배(6,300만 달러, 약 700억 원)의 흥행 수입을 기록했다.

영화에서 그레타[Greta, 키에라 나이틀리(Keira Knightley) 분]와 데이브[Dave, 애덤 리바인(Adam Levine) 분, 미국 음악 밴드 '머룬 5'의 리드싱어']는 가난한 대학 시절부터 함께 작곡하며 음악 활동을 해온 연인이다. 데이브는 뉴욕의 유수 레코드사와 전속 계약을 성사시켜 스타로 성공할 기회를 잡아 두 사람은 뉴욕에 정착한다.

데이브는 갑작스러운 성공과 명성에 취해서 연인 그레타를 배신하고 자신에게 달려든 다른 여자에 빠진다. 절망에 빠진 그레타는 고향 영국으로 돌아가기 전에 우연히 라이브 카페에서 자신이 작곡한 노래를 불렀다. 이를 전직 음악 프로듀서인 댄[Dan, 마크 러팔로(Mark Ruffalo) 분]이 목격한다.

댄은 대중음악 프로듀서로 그래미상을 받는 등 유능한 프로듀서였지만 부인의 불륜으로 가정이 깨지고 거의 알코올 중독이 되어 정상적인 사회생활을 하지 못하고 있는 상황이다. 댄과 그의 딸 바이올렛이 나누는 대화를 보면 딸을 사랑하는 아버지의 마음이 드러나고 동시에 가정의 위기를 극복하려는 절절한 노력이 엿보인다.

Dan : Don't you know anything about your father?
Violet : Yeah.
Dan : What?
Violet : I do. I know what mom says.
Dan : What does mom say?
Violet : She says you're a pathetic loser.
Dan : She says that affectionately.

댄 : 너는 아버지에 대해 알고 있는 것이 있니?

바이올렛 : 그럼요.

댄 : 정말로?

바이올렛 : 안다니까요. 엄마가 말해준 사실이 있어요.

댄 : 엄마가 뭐라고 했는데?

바이올렛 : 엄마 말이 아빠는 구제 불능 실패자래요.

댄 : 그래도 엄마는 사랑을 담아서 말하잖아.

댄은 그레타에게서 아직 다듬어지지 않은 놀라운 음악 재능을 발견하고 함께 음악을 하자고 제안한다. 가까스로 그녀의 동의는 받았지만, 그레타는 아직 본격적인 경쟁 세계로 나갈 준비는 되지 않았다. 그래도 댄은 그녀의 작곡 실력과 순수한 마음을 알기에 함께 일하려고 한다.

Gretta : I told you, I write songs from time to time.

Dan : What do you write them for?

Gretta : What do you mean what for? For my pleasure. And for my cat.

Dan : Oh really? Does he like them?

Gretta : She. Yes, she seems to.

Dan : How do you know?

Gretta : Because she purrs.

Dan : Maybe she's booing.

Gretta : No, she purrs at Leonard Cohen, too, and she has very good taste.

그레타 : 말했잖아요. 어쩌다가 한 번씩 곡을 만든다니까요.

댄 : 어떤 사람들을 생각하고 곡을 만드나요?

그레타 : 그게 무슨 말이에요? 내가 좋아서 하는 거요. 고양이 들으라고도 작곡하는데요.

댄 : 아, 그래요. 그놈이 좋아하던가요?

그레타 : 수컷이 아니고 암컷인데요. 맞아요. 좋아하는 것 같았어요.

댄 : 그걸 어떻게 알죠?

그레타 : 고양이들이 기분 좋을 때 하는 소리를 내요.

댄 : 야유하는 것은 아니고요?

그레타 : 레너드 코헨★ 노래를 들을 때와 반응이 똑같아요. 그리고 내 고양이 귀가 얼마나 수준이 높은데요.

음악이 아름다우면 장소 등 제반 조건은 문제가 되지 않는다. 인생에서도 본질을 따라가는 자세가 중요한 것처럼. 댄은 자신이 창업하고 동업자에게 물려준 레코드사에 데모 앨범(demo record) 제작 등을 위한 지원을 요청했으나 거절당한다. 함께 레코드사를 세운 친구는 많은 돈을 벌었으나 댄이 어려움에 빠졌을 때 도움의 손길을 내밀지도 않았고 유망해 보이는 작곡가를 발굴해 와도 아무런 행동을 취하지 않는다. 세상일도 그렇다. 내가 어려울 때 꼭 도와주리라고 믿었던 사람 중에 내가 어려움에 빠져도 도와주지 않는 경우가 많다.

우리가 해보자

댄은 그레타와 함께 새로운 방법으로 레코드를 제작하기로 한다. 그레타는 댄이 직접 음반을 제작해주기 원한다.

★음유 시인이라는 별명으로 유명한 캐나다 출신의 전설적인 싱어송라이터 겸 소설가

Dan : We don't need a demo. Let's… let's record an album. Every song we do in a different location. All over New York City. And we do it through the summer, and it becomes this tribute to this beautiful, goddamn crazy, fractured mess of a city, New York.

Greta : OK, like, under the bridge on the Lower East Side. Top of the Empire State Building. Rowing boats in the lake in Central Park. Chinatown. Cathedral of Saint John the Divine.

Dan : OK, in the subway, in fxxxing Harlem, everywhere, OK?

Greta : OK, so what happens if it starts raining?

Dan : Whatever happens, we record it.

Greta : If we get arrested?

Dan : Keep rolling. It'll be beautiful. It's good. Come on.

Greta : Will you produce it?

Dan : Me?

Greta : Yeah.

Dan : No, I haven't produced in a long time. We'll get somebody young to produce it.

Greta : No, but I want you to do it.

Dan : Why?

Greta : Because I do.

댄 : 데모 레코드는 필요 없어. 바로 앨범을 만들자고. 뉴욕을 다 돌아다 니며 여기저기에서 녹음하는 거야. 여름 내내 녹음하고 이처럼 아름답지 만 무질서한 뉴욕을 기념하는 멋진 앨범을 만드는 거야.

그레타 : 좋아요. 이스트 사이드 다리 밑에서도 녹음하고 엠파이어 스테 이트 옥상에서도 하고, 센트럴 파크에서 보트를 타면서도 녹음하고, 세인 트 존 성당에서도 녹음하면 되겠네요. 그렇죠?

댄 : 맞아. 지하철에서도, 할렘에서도 녹음하는 거야.

그레타 : 그렇네요. 그런데 비가 오면 어쩌지요?

댄 : 어떤 일이 생겨도 계속 녹음하는 거야.

그레타 : 그러다 체포되면요?

댄 : 그래도 계속해야지. 정말 멋져. 참을 수가 없네.

그레타 : 직접 프로듀싱해 주실 거죠?

댄 : 내가?

그레타 : 그럼요.

댄 : 아니. 프로듀싱한 지가 너무 오래됐어. 젊은 놈 하나 찾아서 시켜야지.

그레타 : 아니요. 직접 해주세요.

댄 : 왜?

그레타 : 내가 원하니까요.

음악을 사랑하는 마음으로

댄과 그레타는 이제 아무것도 보장되지 않는 무모한 일을 벌이기로 한다. 이들의 마음속에는 음악에 대한 사랑밖에는 없다. 그들은 음악을 들으며 다음과 같은 대화를 나눈다.

Dan : That's what I love about music.

Greta : What?

Dan : One of the most banal scenes is suddenly invested with so much meaning! All these banalities - They're suddenly turned into these… these beautiful, effervescent pearls. From Music.

댄 : 내가 이래서 음악을 사랑하지.

그레타 : 자세히 말해봐요.

댄 : 너무도 흔한, 아무것도 아닌 듯한 순간순간 하나에도 심오한 의미가 담겨 있어. 쳐다보기도 짜증나는 평범함이 갑자기 이토록 아름답고, 자신을 희생하여 다른 사람을 즐겁게 하는 진주로 변하는걸. 음악만이 할 수 있는 일이지.

음악은 단순히 감정을 순화시키거나 자극하는 예술 활동뿐만 아니라 그 음악을 즐기는 사람의 인격의 단면을 알아볼 수 있는 창문이 되기도 한다. 댄과 그레타의 대화에서도 음악의 속성을 엿볼 수 있다.

Dan : You can tell a lot about a person by what's on their playlist.

Greta : I know you can. That's what's worrying me.

댄 : 그 사람이 어떤 사람인지는 어떤 음악을 저장해놓고 듣는지 보면 알 수 있어.

그레타 : 말 되네요. 한편으론 내가 좋아하는 음악을 듣고 나를 평가할까 걱정되네요.

댄은 재능은 있지만 주목받지 못한 연주자들을 나중에 성공하면 돈을 주기로 하고 끌어들인다.

뉴욕 이곳저곳을 다니며 야외에서 그레타의 노래를 녹음해 음반을 제작한다. 결국, 음반은 엄청난 호평을 받았고 대형 레코드사들이 계약하자고 달려든다. 그레타의 데모 앨범 제작 지원을 거부했던 사울 음악사 그중 한 회사다.

Saul : Thanks for coming in, guys. This is fantastic. You got a great record. And··· I missed it on the first listen, but I don't want to miss it again.

Greta : We're very glad that you like it. So···Saul : Well, I reached out to some of my studio connects in LA, and I was thinking we can get the first track placed in a··· in a film, the right film.

Greta : Yeah, we're not interested in any of that stuff.

Saul : OK, so then··· what are you interested in? What are we doing here?

Greta : Well, I think Dan needs his job back.

Saul : Yeah, sure. What? Take my office. I don't care.

Greta : I guess I want to know··· how does this work?

Saul : We put the album out, we sell it for···? Let's say an album costs ten dollars a unit. The artist gets a dollar. Same in publishing··· it's a buck for a book.

Greta : I think I'm just thinking for this specifically··· to get my head around it···Um, I mean, the album, it doesn't have any overhead, because··· we did it.

Saul:- Yeah.

Greta : And then distribution, I mean, it's not gonna go in stores, it's gonna go online, and publicity would be, what, word of mouth? So I think what I'm wondering is···why do you get nine out of ten of my dollars?

사울 : 와줘서 감사합니다. 훌륭합니다. 멋진 앨범이 완성됐네요. 처음 찾아 왔을 때는 몰라보았으니 두 번째는 놓치면 안 되겠지요.

그레타 : 마음에 드셨다니 기쁘네요.

사울 : LA에 잘 알고 있는 영화 제작사에 연락해 적당한 영화가 있으면 영화 음악으로 이용하고 싶은데요. 물론 잘 맞는 영화를 골라야 하겠죠.

그레타 : 아예. 우리는 그런 것들에는 관심이 없어요.

사 울 : 그러면 어떤 것에 관심이 있으신가요? 어떻게 진행하면 되죠?

그레타 : 일단 댄이 여기에서 다시 일해야 하고요.

사 울 : 좋습니다. 제 사무실을 쓰세요.

그레타 : 좋아요. 그러면 레코드 판매가 어떻게 돌아가는지 알려주세요.

사 울 : 이 앨범을 판매해서 한 장에 10달러에 판다고 가정해 보면 음악을 만든 사람은 1달러를 받게 됩니다. 출판도 마찬가지죠. 저자는 1달러를 받습니다.

그레타 : 그래서 제가 좀 더 깊이 생각해 보았는데요, 이 앨범에는 레코드 회사의 비용은 하나도 들어가 있지 않습니다. 우리가 다 만들었으니까요.

사 울 : 맞습니다.

그레타 : 그리고 판매도 마찬가지죠. 온라인으로 판매될 예정이잖아요? 그리고 광고랄 것도 없이 앨범을 들은 사람들이 소문내서 팔리겠죠? 그 래서 생각을 해보았는데요, 도대체 왜 회사에서 9달러나 가지고 가는 거죠?

함께 살아가는 힘

그레타는 레코드 회사를 통해 음반을 판매할 기회를 포기하고 인터 넷에서 음반 1장에 1달러를 받고 판매한다. 그랬는데도 큰돈을 번다. 수 익은 자신과 함께 음반을 만든 모두에게 공평하게 분배한다.

Dan : What's on your mind?

Greta : OK, um… I don't want your label to release my album.

Dan : Fine.

Greta : Fine? Really? No, because I thought that you'd be really upset.

Dan : No. It's your album. So, what do you want to do with it, then?

Greta : There it is. Yeah.

Dan : That's the whole album for a dollar. Are you sure you want to do this?

Greta : Yeah.

Dan : How about two bucks?

Greta : You're such a capitalist.

Dan : No, a buck is fair, and then, you know,

Greta : we'll split it evenly between everyone and Malcolm and Rachel… everyone.

댄 : 무슨 생각을 하는 거야?

그레타 : 그러니까, 내 앨범을 레코드 회사를 통해서 판매하고 싶지 않아요.

댄 : 좋아.

그레타 : 정말로요? 화낼 줄 알았거든요.

댄 : 네 앨범이니 마음대로 해도 돼. 어떻게 하려고?

그레타 : 이렇게 하면 되겠네요.

댄 : 앨범 하나를 1달러에 팔자고? 정말 확실한 거야?

그레타 : 그럼요

댄 : 2달러에 팔자.

그레타 : 이런, 욕심이 가득 찬 자본주의자 같으니라고.

댄 : 그래. 1달러면 충분해.

그레타 : 밴드 모든 사람이 똑같이 나눌 거예요. 같이 일했던 말콤, 레이첼 등등.

그레타는 연인 데이브를 잃었지만 음악을 함께할 수 있는 동료들을 얻었고 모두 함께 활동을 계속하기로 약속한다. 댄은 음반을 만드는 일에 몰두하면서 술을 끊고 부인과 딸과의 관계가 좋아지며 가정은 회복된다.

실패와 좌절에 대한 두려움과 걱정 때문에 한 발도 못 나가는 경우가 많다. 또 계획대로 일이 풀리지 않거나 실패할 때 원래 가지고 있던 꿈마저 버리는 일도 허다하다. 일단 다시 시작할 수 있는 용기만 있다면 반은 성공한 셈이다.

그레타와 댄은 마음이 따뜻한 사람들이다. 함께한 사람들을 버리지 않고 미래를 함께 계획한다.

Greta : Hey, we should do a bunch of these.
Dan : What do you mean?
Greta : Could do, like, the, uh… 'The European Series.'
Dan : I like that. 'Paris Tapes.', 'Prague Sessions.'
Greta : 'The Berlin… Recordings.'
Dan : Yes. Go all over Europe by rail.
Greta : We could take the whole gang. You know? Rachel, Malcolm, Steve. Look, I guess I'll see you in a while.
Dan : Thank you.
Greta : Thank you so much.

그레타 : 우리 함께 이 일을 계속해야 해요.
댄 : 무슨 말이지?
그레타 : 그러니까 유럽 시리즈 같은 것도 함께 만들자구요.
댄 : 맞아. '파리에서 만드는 테이프', '프라하에서 녹음한 앨범'
그레타 : '베를린 녹음…'
댄 : 맞아 전 유럽을 기차로 다니면서 앨범을 만드는 거야.
그레타 : 함께 일했던 사람들 모두 함께 가는 거예요? 레이첼, 말콤, 스티브 등. 와, 이제 곧 모두 만날 수 있겠네요.

댄 : 고마워.

그레타 : 정말 고마워요.

　음악은 마음을 차료하고 사랑을 화복하는 힘이 있음을 굳게 믿는 감독의 따뜻한 마음이 느껴지는 영화다.

노스바스의 추억
Nobody's Fool, 1994
평범함 속의 비범함

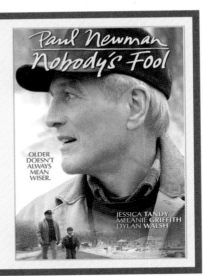

감독 로버트 벤튼(Robert Benton)
각본 로버트 벤튼(Robert Benton)
주연 폴 뉴먼(Paul Newman)
브루스 윌리스(Bruce Willis)
제시카 탠디(Jessica Tandy)

선생님은 포기하지 않는다

아직도 철이 없는 예순 살 먹은 남자 설리[폴 뉴먼(Paul Newman)]는 겨울이면 많은 눈이 내리는 아름답고 조용한 뉴욕주 노스 바스(North Bath)에 산다. 영화는 뉴욕주 주도인 올버니(Albany) 근처 발스톤 스파(Ballston Spa)에서 촬영했다. 하나 있는 아들 내외는 멀리 나가 있고 마을에서 유일하게 설리를 인정하고 아껴주는 은퇴한 초등학교 은사 베릴(Jessica Tandy 역) 집에 얹혀서 살고 있다.

베릴 선생님은 설리를 사랑하고 아끼지만 때로 책망도 한다.

Miss Beryl : Doesn't it bother you that you haven't done more with the life God gave you?
Sully : Not often. Now and then.

베릴 선생님 : 하나님이 너에게 주신 인생을 조금 더 유용하게 쓰지 못해 속상한 적은 없니?
설리 : 거의 없는데요. 어쩌다가 한 번 그럴 때가 있네요.

거의 모든 마을 사람은 설리를 우습게 여긴다. 하지만 베릴 선생님은 설리를 포기하지 않는다. 언뜻 보기에는 잔소리하는 것으로 보이지만 애정과 관심이 없다면 잔소리도 하지 못하는 법이다.

Miss Beryl : Mr. Sullivan, you're wearing a necktie. Are you in trouble with the law again?

베릴 선생님 : 미스터 설리번, 넥타이를 매고 있네. 또 법을 어기는 일을 저지르고 경찰에 가는 길은 아니지?

그래도 두 사람은 허물없이 옛이야기를 한다. 베릴 선생님은 설리에게 이성의 끝을 놓지 않게 하는 선생님이자 어머니 같은 사람이고, 설리는 베릴 선생님에게 세상의 기준으로 보면 매우 부족하지만 계속 마음이 쓰이는 아들 같은 존재다.

Sully : [quoting] Beware the chains we forge in life.
Miss Beryl : I don't suppose you remember who said that?
Sully : You did Miss Beryl, all through 8th grade.

설리 : (다른 사람의 말을 인용한다) 우리가 스스로 만든 인생의 굴레를 생각하라.
베릴 선생님 : 누가 그 말을 했는지 기억하니?
설리 : 선생님이 하셨잖아요. 8학년 때까지 계속.

사실 이 말은 영국의 위대한 소설가 찰스 디킨스(Charles Dickens, 1812~1870)가 소설 〈크리스마스 캐럴(Christmas Carol)〉에서 한 말이다. 베릴 선생님은 틀림없이 디킨스가 이런 말을 했다고 말했겠지만, 설리는 베릴 선생님이 한 말로 기억한다. 하긴 누가 했느냐가 중요한 것이 아니고 이런 말을 학생들의 가슴 속에 심어준 선생님이 훌륭하다.

아일랜드 시인 윌리엄 예이츠(William Yeats, 1865~1939)는 "교육은 빈 통에 물을 채우는 일이 아니고 마음에 불을 지피는 일이다.(Education is not the filling of a pail, but the lighting of a fire)"라는 명언을 남겼다. 교육자는 단순히 지식의 전달자가 아니라 학생들의 잠재력을 이끌어내는 역할을 해야 한다.

친구들도 포기하지 않는다

설리 주위에는 그래도 포기하지 않고 도와주며 믿어주는 친구들이 있다. 실력은 별로 없지만 항상 설리를 챙겨주는 변호사 월프도 그중 한 사람이다. 설리가 경찰관을 때려 감옥에 들어갔다가 나오는 날 둘이서 나누는 대화다.

Sully : I can't believe it's gonna take you that long to get me out of jail.

Wirf : Don't blame me, I'm a Jew. They're not my holidays.

Sully : A Jew? Really? I didn't know that. How come you ain't smart?

Wirf : How can I start getting you out of jail when you won't go in?

설리 : 도대체 나를 감옥에서 꺼내는 데 왜 이리 오래 걸린 거야?

월프 : 나를 비난하지 마. 나 유대인이잖아. 크리스마스는 우리 휴일이 아니거든.(설리가 감옥에 있던 기간이 크리스마스와 겹쳐 일을 못 했다는 의미)

설리 : 유대인? 정말로? 몰랐는데. 그런데 어쩌면 그렇게 멍청한 거야?

월프 : 네가 감옥에 들어가지도 않았다면 내가 어떻게 꺼내겠어?

유대인들은 대부분 똑똑하다는 세상 사람들의 믿음 때문에 이런 농담도 생겼다. 물론 설리와 월프 둘이 서로 친하고 신뢰하는 사이가 아니면 이런 농담은 못 할 것이다. 진정한 친구는 한 명만 있으면 충분하다는 말이 있다. 설리는 세상에서는 인정받지 못하지만, 자신을 이해하고 돌보아주는 친구는 있다. 그래도 꽤 잘 산 인생이다. 설리는 공사 중에 무릎을 다쳤고 월프와 설리는 업자를 고소하여 보상금을 받아내려고 하지만 증거를 제시하지 못해 번번이 판사에게 시간 낭비하지 말라는 말만 듣고 패소한다.

Wirf: Sooner or later we'll wear the bastards down. The court is already starting to get pissed. You heard the judge.
Sully: He's pissed at you, Wirf!
Wirf: Only because he knows I won't go away.
Sully: I know how he feels.

월프: 머지않아 이 악덕 사장에게 본때를 보일 수 있을 거야. 판사가 화나기 시작했거든. 너도 들었잖아.
설리: 판사는 너에게 화가 난 거야, 월프!
월프: 내가 절대 물러서지 않으리라는 것을 알고 있으니까 그렇지.
설리: 판사 심정을 알 것 같네.

아버지의 자리

설리는 25년 만에 아들 부부와 손자들을 만난다. 그러나 가족은 서로를 이해하지도 못하고 다시 결합하지도 못할 듯이 보인다.

Peter: Mom's greatest fear is that your life was fun.
Sully: Tell her not to worry.

피터(설리의 아들): 엄마가 제일 두려워하는 것은 아버지가 재미있게 사시는 일이에요.
설리: 엄마에게 걱정할 필요 없다고 말씀드려라.

또 아버지로서 설리는 아들과 너무 멀어져 있다.

Sully : I suppose you're gonna be saying the same thing about me when I'm gone.

Peter : You were gone dad. I already said it.

설리 : 내가 이 세상에서 사라지고 없어도 같은 말을 하겠구나.

피터 : 말씀드렸잖아요. 아버지는 이미 내 마음 밖에 있다고요.

아들의 실직과 가정불화로 아들 부부는 이혼 직전까지 가는 위기를 맞지만 설리가 둘을 다시 결합하게 만든다. 설리는 마음을 솔직하게 열어 아들을 대한다. 아들에게도 마음을 열고 가족들을 대하도록 설득한다.

Peter : It's not gonna be easy being you, is it?

Sully : Don't expect much from yourself in the beginning. I couldn't do everything at first, either.

피터 : 이 상태로 사는 게 정말 어렵죠?

설리 : 너 자신에게도 처음부터 너무 많은 걸 기대하면 안 돼. 나도 그랬다.

설리는 알코올 중독자로 어머니를 괴롭히는 아버지 밑에서 성장했다. 사실 그런 어려움을 겪은 사람 치고는 그래도 잘 성장한 셈이지만, 자신의 아들이 이별의 어려움을 겪는 일을 힘써 막고 싶었다.

아들 부부가 합해서 다시 떠난 후 설리는 베릴 선생님과 대화를 나눈다.

Miss Beryl : Do you still bet on that horse race of yours?

Sully : What, the trifecta?

Miss Beryl : Yes. Has it ever come in?

Sully : Not yet.

Miss Beryl : But you still bet on it.

Sully : Well, sure. I mean, the odds have gotta kick in sooner or later.

Miss Beryl : Fine. That's exactly the way I feel about you.

베릴 선생님 : 아직도 경마 복권을 같은 번호로 계속 사니?

설리 : 삼중 경마 복권 말이지요?

베릴 선생님 : 그래. 당첨된 적은 있니?

설리 : 아직이요.

베릴 선생님 : 그렇지만 계속 사고 있잖아.

설리 : 네, 조만간 당첨될 가능성이 점점 더 커지고 있어요.

베릴 선생님 : 좋아. 나도 너를 보면서 똑같은 마음을 가지고 살고 있어.

포기하지 않는 선생님이 결국 한 사람을 바꾼다. 학생들을 가르치다 보면 과연 애들이 변하기는 할까 하는 생각을 가끔 할 때도 있다. 하지만 사람이 변하는 것은 내가 할 일이 아니다. 하나님이 하실 일이다. 나는 열심히 가르치면 된다. 선생이 해야 할 일은 학생들의 가슴에 불만 지피면 된다.

뉴욕주 하면 보통 뉴욕시 맨해튼(Manhattan)을 떠올리는데, 이 영화의 무대인 뉴욕주 북부의 자그만 도시들도 아름답다. 전형적인 미국 소도시에서 미국인의 삶을 그린 영화를 보면서 미국인을 이해하는 기회를 얻기를 바란다. 언어와 문화는 달라도 결국 가장 중요한 것은 사람 사이의 관계임을 다시 깨닫게 된다.

게도 높은 평가를 받았다.

영화 제목인 위플래쉬(whiplash)는 '채찍(whip)으로 세게 치거나 급격한 변화를 초래한다'라는 의미다. 차가 달리다 갑자기 정지했을 때 차에 타고 있는 사람이 큰 충격을 받거나 상처를 입는 일을 묘사하는 말이다. 이 영화에서 연주되는 재즈 작품의 제목이고, 영화에서 주인공이 겪는 충격적 교육의 묘사이기도 하다.

영화에서 제이 케이 시몬스(J. K. Simmons)가 연기한 테렌스 플레처(Terence Fletcher) 교수는 뉴욕의 명문 셰이퍼 음악 학교(Shaffer Conservatory of Music)에서 최고 재즈 밴드인 스튜디오 밴드(Studio Band)를 지휘하는 카리스마 넘치는 실력파 교수다. 셰이퍼 음악 학교는 뉴욕의 세계 최고 음악 학교인 줄리아드 음대(Juilliard School)가 모델인 가상 학교다. 이 영화는 줄리아드에서 촬영하기도 했다.

플레처 교수는 재능 있는 학생을 선발해서 인내의 한계까지 훈련한 후, 이를 극복해야 진정한 실력이 나온다고 믿는 사람이다. 마치 예전 고대 국가 스파르타(Sparta)에서 전사를 양성하기 위해 어린 나이부터 혹독한 훈련과 가학 행위를 견디고 살아남는 남자만 전사로 인정했던 것과 일맥상통한다. 평상시 학생들에게 습관처럼 하는 말에서 플래처 교수의 교육관이 잘 드러난다.

Terence Fletcher : There are no two words in the English language more harmful than "good job".

플레처 교수 : 우리가 쓰는 말 중에서 가장 해로운 말이 "그 정도면 됐어"라는 말이야.

어떻게 가르쳐야 하나?

플레처 교수는 학생들을 혹독하게 훈련한다. 교육적인 목적으로 사람을 몰아붙이는지, 아니면 자신의 가학적인 성향 탓인지 잘 구분도 되지 않는다. 지금이야 그런 일이 없겠지만 한국도 과거에 자신의 가학성을 학생들에게 퍼붓는 교사들이 있었다. 그 결과 학생 때의 충격으로 평생 정신적 상처를 안고 살아가는 사람들도 있다. 그래서 많은 사람이 힘을 모아 학생들의 교육 환경을 개선했더니, 이제는 교사들이 강단에서 힘든 일을 겪는 일이 많아졌다.

이런 상황을 표현하는 영어 표현 'Catch 22'가 있다. 이는 같은 이름의 소설 제목에서 유래한 말로서 답이 없는 상황, 진퇴양난이나 모순을 나타내는 속어다. 발설해서는 안 되는 기밀을 가리키는 말이기도 하다.

플레처 교수는 자신의 교육 방법이 큰 효과를 거두었다는 점을 증명

하기 위해 셰이퍼 음악 학교 졸업생인 트럼펫 주자 션 캐이시(Sean Casey)
의 이야기를 학생들에게 들려준다.

Terence Fletcher : [melancholic] Guys, just put your instruments
down for a minute. [plays a slow trumpet song through speakers]
Just listen for a minute. Six years ago, I came across a kid in
a practice room, working on his scales. He was early second
year and he'd started at Shaffer with a lot of hope. Like all
you guys. But the truth was that he barely squeaked in to be-
gin with and, uh··· he was really struggling. The faculty were
all telling him, "Maybe this isn't for you." But they didn't see
what I saw. This scared, skinny kid, cursing himself because
he couldn't get his scales right. I saw a drive in him. And I put
him in Studio Band. And when he graduated, Marsalis made
him third trumpet at Lincoln Center. A year later, he was first.
That's who you're listening to now. His name was Sean Casey.
I found out this morning that Sean··· died yesterday··· in a car
accident. And I just··· I wanted you guys to know he was a
beautiful player. I just thought you should know.

플레처 교수 : (슬픈 표정으로) 자, 악기 잠시 내려놔.(트럼펫 연주를 들려준다.)
잠시 내 이야기를 들어봐. 6년 전 연습실에서 기본음을 연습하는 어린 학
생을 만났지. 2학년이었고 너희들처럼 큰 꿈을 가지고 셰이퍼 학교에서 공
부를 시작했어. 그렇지만 정확하게 말하자면 처음부터 소리를 제대로 내
지도 못했고 엄청나게 고생만 하고 있었어. 교수들은 "음악과 너는 안 맞
는 것 같구나!"라고 했어. 하지만 나는 교수들이 못 보는 것을 봤지. 이 겁

에 질린 마른 소년은 제대로 음을 내지 못하는 자신을 엄청나게 탓하고 있었던 거야. 나는 그 아이 안에 있는 욕심을 봤지. 그리고 내 밴드에 넣어주었어. 졸업하고 나서 링컨 센터 밴드의 제3 트럼펫 주자가 되었지. 1년이 지나고 나서는 수석이 되었어. 지금 너희들이 듣고 있는 연주가 바로 그 연주야. 그 학생의 이름은 션 캐이시, 그가 교통사고로 어제 세상을 떠난 사실을 오늘 아침에 들었어. 그냥 너희들에게 션이 얼마나 훌륭한 연주자인지 이야기해주고 싶었어.

그러나 사실 션은 교통사고로 죽은 것이 아니라 우울증에 시달리다 자살했다. 아마도 셰이퍼 학교에 다니며 플레처 교수가 지휘하는 밴드에서 연주하는 동안 엄청난 압박과 가학적인 교육을 받았을 것이고 그런 충격이 쌓여 결국 정신의 황폐로 나타났을 가능성이 크다.

사람을 구하는 길

배우 마일스 텔러(Miles Teller)가 연기한 드럼 연주자 앤드류 네이먼(Andrew Neyman)도 늦은 밤 홀로 드럼 연주를 하다가 플레처 교수를 만났고, 플레처 교수의 밴드에 보조 드러머로 들어가 혹독한 훈련을 받는다. 앤드류는 홀아버지와 함께 어릴 때부터 외롭게 자랐으며 친구도 없다. 오직 세계적인 드러머가 되겠다는 생각밖에 없다. 플레처 교수를 증오하면서도 그의 가학적인 교육을 견디고 자신을 몰아치며 드럼 연습에 매진한다. 앤드류는 위대한 드럼 연주자가 되기를 원하는 자신의 꿈에 방해가 된다는 생각 때문에 여자 친구에게도 이별을 통보한다.

Andrew : I'm gonna keep pursuing what I'm pursuing. And because I'm doing that, it's gonna take up more and more of my time. And I'm not gonna be able to spend as much time with you. And when I do spend time with you, I'm gonna be thinking about drumming. And because of that, you're gonna start to resent me. And you're gonna tell me to ease up on the drumming, spend more time with you because you're not feeling important. And I'm not gonna be able to do that. And really, I'm gonna start to resent you for even asking me to stop drumming. And we're just gonna start to hate each other. And it's gonna get very⋯ It's gonna be ugly. And so for those reasons, I'd rather just, you know, break it off clean⋯ because I wanna be great.

앤드류 : 지금 내가 열심히 하는 일을 온 힘을 다해 더 열심히 할 거야. 점점 더 많은 시간을 쓸 것이고. 너와 함께할 시간은 많지 않을 거야. 너와 함께 있어도 드럼만 생각할 거니까. 그러면 너는 나를 미워하기 시작할 거고, 너는 드럼 좀 그만하고 너를 무시하지 말고 너와 시간을 더 많이 보내야 한다고 말하겠지. 나는 그렇게 못해. 나에게 드럼을 그만두라고 말하면 나는 너를 미워하기 시작할 거야. 그러면 서로 미워하게 되겠지. 그러면 끔찍해지는 거지. 이런 것들 때문에 지금 깨끗하게 헤어지는 편이 좋겠어. 왜냐하면 나는 위대한 드러머가 되고 싶거든.

앤드류의 집념과 온 손가락이 피투성이가 될 만큼의 광적인 연습, 플레처 교수의 쉴 새 없는 몰아붙임으로 앤드류는 관객들이 숨을 참고 눈을 떼지 못할 만큼 멋진 연주를 해낸다. 영화에는 나오지 않지만, 일류 악단의 드럼 주자로 무난히 들어갔을 것이다. 그러나 과연 앤드류의 일생은 행복한 결말로 끝날까?

영화가 계속된다면 어떤 일이 생길 것인지에 대해 셔젤 감독은 한 인터뷰에서 다음과 같이 자신의 의견을 밝혔다.

Reporter : Where do you think these two go after this movie ends? They had a moment at the end of the film, but I feel these two will always hate each other.
Director Chazelle : I think so. I think it's definitely a fleeting thing. Fletcher will always think he won and Andrew will be a sad, empty shell of a person and will die in his 30s of a drug overdose. I have a very dark view of where it goes.[★]

기자 : 이 영화가 끝나고 나면 이 두 사람(테렌스 플레처, 앤드류 네이먼)에게 어떤 일이 생길 것으로 생각하시나요? 영화 마지막에 극적인 사건이 있지만 제 느낌에는 이 두 사람이 계속 미워할 것으로 보이는데요.
셔젤 감독 : 제 생각도 그래요. 둘이 미워하는 일은 분명히 오랫동안 지속될 겁니다. 플래처 교수는 항상 자신이 승리했다고 생각할 것이고, 앤드류는 슬프고 마음이 텅 빈 사람으로 30대에 마약 과다 복용으로 죽을 겁니다. 앤드류 앞날이 어떻게 전개될지 비관적인 생각이 듭니다.

엄청난 재능과 끝없는 노력으로 정상의 자리에 섰지만 약물 중독 등으로 생을 마감한 사람들이 많다. 엄청난 스트레스를 이겨내며 전심전력으로 노력하다가 성과를 인정받으면 그 성과와 인정을 바탕으로 더 잘 살 것 같다. 하지만 몸과 마음의 에너지가 소진(burn out)되어 마약이나 알코올 등에 의존하게 되고, 결국 그 약물이나 알코올이 인생을 망쳐버리는 경우가 너무 흔하다.

★ https://www.slashfilm.com/535179/whiplash-ending/

어떤 사람들은 이 영화가 재능과 의지의 성공을 생생하게 묘사하고 있다고 주장한다. 이 의견에는 전혀 동의할 수 없다. 이 영화가 담고 있는 메시지는 진정한 재능에 대한 이해의 부족과 강압적인 교육 방법의 오용에 대한 경고다.

재능이 있음을 뜻하는 영어가 기프티드(gifted)인데 이는 선물을 뜻하는 기프트(gift)와 어원이 같다. 재능은 자신의 의지와 상관없이 하늘에서 받은 것이다. 본인이 그런 재능을 받았다면 늘 감사한 마음으로 그 재능을 개발하여 다른 사람에게 나누어 주는 마음으로 살아가야 함을 깨닫는다.

자녀가 그런 선물을 받았음이 확실하다면 그에 걸맞게 교육하고 돌봐주는 일은 마땅히 부모가 해야 할 몫이다. 그래서 그 자녀가 풍요롭고 아름다운 인생을 살도록 도와주는 일도 우리가 모두 힘을 모아 할 일이다. 뛰어난 재능을 가진 인재를 훈련시켜 사회에 공헌하게 하는 일도 우리 모두의 책무다. 교육자라면 이런 재능을 가진 학생들을 어떻게 육성하고 돌봐야 할지 고민하게 하는 영화다.

12명의 성난 사람들
12 Angry Men, 1957
사람을 살리는 재판

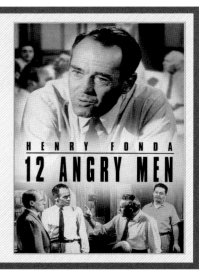

감독   시드니 루멧(Sidney Lumet)
각본   레저날드 로즈(Reginald Rose)
출연   헨리 폰다(Henry Fonda)
      리 제이 콥(Lee J. Cobb)
      마틴 발삼(Martin Balsam)

사람의 죄를 판단하는 일

〈12명의 성난 사람들(12 Angry Men, 1957)〉은 지금까지 제작된 법정 영화 중 가장 뛰어난 영화이며 미국 영화 연구소(American Film Institute) 선정 100대 영화에 수록됐다. 회의장 한 곳에서 12명 배심원의 열띤 토론이 전부인 영화지만 96분의 상영 시간이 전혀 지루하지 않다. 논리적이고 때로는 격정적인 토론과 대화만으로 이토록 사람의 마음을 사로잡는 영화는 드물다.

자기 아버지를 살해한 혐의로 푸에르토리코(Puerto Rico) 출신 소년이 재판받는다. 제출된 증거와 증언이 워낙 확고해 소년의 유죄는 거의 확실할 것으로 보인다. 더구나 소년은 가난한 우범 지역 출신에 어릴 적부터 소년원을 들락거렸고, 아버지와 사이도 좋지 않은 것으로 알려져 빨리 유죄가 결정될 것으로 보였다.

톨스토이의 명작《부활》에서 주인공 네플류도프는 다음과 같은 명언을 남긴다.

> 타인을 벌하고 잘못을 판단할 자격이 있는 사람은 없다.
> 죄 없는 사람은 없으므로 우리는 끊임없이 용서하며 살아가야 한다.

사람이 다른 사람의 유무죄를 판단하는 일은 너무나 어렵고 또 그렇게 할 수 있는 자격을 가진 사람을 골라내는 일도 거의 불가능하다. 하지만 사람이 모여 사는 세상을 안전하게 돌아가게 하려면 죄가 있는 사람을 가려내야 한다. 이를 위해서는 가능한 모든 수단을 동원하여 객관적인 판단을 내려야 한다. 이를 위해 미국을 비롯한 많은 국가에서 사용하고 있는 유무죄 판단의 방법이 배심원(jury) 제도다.

미국은 12명으로 구성된 배심원들이 유무죄를 결정하는 배심원 제도를 운영하고 있다. 유죄가 결정되면 판사가 형량을 내린다. 배심원들은 일반 시민 중에서 임의로 선정된다. 피고인과 기소인 두 진영의 논의를 거쳐 12명 배심원과 예비 후보를 결정한다.

형사 재판(criminal trial)은 무죄 추정 원칙(presumption of innocence)을 기반으로 기소인(검찰)이 피고인의 유무죄를 증명할 책임이 있다. 재판이 열리면 기소인과 피고인을 대변하는 변호인은 법을 기준으로 유무죄에 대해 다툰다. 배심원들은 자신들이 참여하는 재판(형사, 민사) 내용에 대한 전문가가 아닌 경우가 대부분이다. 법을 전혀 모르는 사람들을 증거와 논리로 설득할 수 있을 정도가 되어야 재판이 공정하다는 믿음에 근거하여 생긴 제도가 배심원제다. 유무죄 여부는 재판 과정에 참여하여 검찰과 변호인의 법적 다툼을 충분히 숙지한 12명의 배심원이 결정한다. 유무죄 결정은 전원 찬성이나 반대로 이루어진다. 유무죄에 관해 합의가 이루어지지 않으면 배심원 불일치(hung jury)가 되고 다시 배심원을 선정하여 재판을 진행한다.

　1994년 아내를 살해한 혐의로 체포된 전직 유명 프로 미식축구 선수 오제이 심슨(O. J. Simpson) 재판을 통해 전 세계 사람은 미국 배심원 제도의 실상을 잘 알게 되었다. 오제이 심슨 사건에서 충분한 증거를 확보했다고 확신한 검사 측이 유죄를 밀어붙였지만 오제이 심슨이 고용한 변호인들은 이 증거들의 신뢰성을 하나씩 깨트려 배심원단은 만장일치로 오제이 심슨의 무죄를 선고했다. 그 후 손해 배상을 판단하는 민사 재판에서는 오제이 심슨의 유죄가 인정되었지만, 일사부재리(double jeopardy)의 원칙에 따라 오제이 심슨의 형사 책임은 면제되었다.

결백하고 억울한 사람을 구하기 위해

　영화에서 배심원들은 서로 이름도 모른 채 번호로만 통한다. 12명의 배심원 중 11명은 유죄를 확신하고 그중 한 명 배심원 8번(헨리 폰다 분)만이 이 사건에 대한 합리적 의심(reasonable doubt)을 가지고 있다. 이 소년의 출신과 배경 등에 대한 편견에 가득 차 유죄를 확신하는 다른 배심원들을 설득하기 시작한다. 그러나 소년의 출신과 성장 배경, 그간 소년이 저지른 작은 사건 등을 이유로 많은 배심원이 생각을 바꾸지 않는다.

Juror #10 : Six to six… I'm telling you, some of you people in here must be out of your minds. A kid like that…

Juror #9 : I don't think the kind of boy he is has anything to do with it. The facts are supposed to determine the case.

Juror #10 : Don't give me that. I'm sick and tired of facts! You can twist 'em anyway you like, you know what I mean?

Juror #9 : That's exactly the point this gentleman has been making.[indicates Juror #8]

10번 배심원 : 6대 6이라… 여기 모인 사람 중에 정신이 나간 사람들이 있네요. 이런 애는 말이죠.

9번 배심원 : 피고가 어떤 아인지는 우리 결정과 상관이 없어요. 사실만 가지고 사건에 관한 결정을 내려야지요.

10번 배심원 : 그런 소리 하지 마세요. 사실에 대해 따지는 일 이제 지긋지긋하오. 사실이야 얼마든지 비틀고 왜곡할 수 있는 것 아니오?

9번 배심원 : 바로 그 점을 이 양반이 계속 말하지 않았나요?(8번 배심원을 가리키며)

8번 배심원은 계속 설득해 12명 중 9명에게서 소년이 유죄라고 결정하기에는 증거가 충분하지 않다는 확신을 끌어낸다.

Juror #8 : It's always difficult to keep personal prejudice out of a thing like this. And wherever you run into it, prejudice always obscures the truth. I don't really know what the truth is. I don't suppose anybody will ever really know. Nine of us now seem to feel that the defendant is innocent, but we're just gambling on probabilities - we may be wrong. We may be trying to let a guilty man go free, I don't know. Nobody really can. But we have a reasonable doubt, and that's something that's very valuable in our system. No jury can declare a man guilty unless it's sure.

8번 배심원 : 이런 사건에 개인적인 감정이 전혀 개입되지 않게 하는 일은 항상 어렵지요. 어느 곳에서나 편견 때문에 진실이 흐려지게 돼요. 진실이 뭔지 나도 모릅니다. 누구도 알고 있다고 생각하진 않아요. 이제 우리 중에 아홉은 피고가 무죄라고 느끼고 있습니다. 그러나 우리는 확률 싸움을 벌이고 있어요. 우리가 틀릴 수도 있지요. 죄 있는 사람을 석방할 수도 있고요. 잘 모르겠어요. 누구나 다 마찬가지입니다. 하지만 우리는 합리적인 의심을 하고 있고, 이 점이 우리 사법 체계에서 정말 중요한 점입니다. 누구도 확신이 없는 한 어떤 사람을 죄인이라고 선언할 수는 없지요.

토론은 계속된다. 중요한 증인으로 나왔던 이웃 여성의 시력에 대한 논쟁이 전개된다.

Juror #8 : I only know the woman's eyesight is in question now!

Juror #11 : She had to be able to identify a person sixty feet away, at night, without glasses.

Juror #2 : You can't send someone off to die on evidence like that!

Juror #3 : Oh, don't give me that.

Juror #8 : Don't you think the woman "might" have made a mistake?

Juror #3 : [stubbornly] No!

Juror #8 : It's not "possible?"

Juror #3 : No, it's not possible!

Juror #8 : [gets up and speaks to Juror #12] Is it possible?

Juror #12 : [nods] Not guilty.

Juror #8 : [goes to #10] You think he's guilty?

[#10 shakes his head "no"]

Juror #3 : "I" think he's guilty!

Juror #8 : [ignores #3; goes to #4] How about you?

Juror #4 : [looks at #8, pauses, then shakes head] No… I'm convinced. Not guilty.

Juror #3 : [shocked, having just lost all support] What's the matter with ya?

Juror #4 : I have a reasonable doubt now.

Juror #9 : Eleven to one!

배심원 8번 : 그 여성의 시력이 문제라는 점은 알고 있다는 이야기입니다.

배심원 11번 : 60피트(18미터) 떨어진 거리에 있는 사람을 밤중에 안경도 착용하지 않고 알아보았다는 말이잖아요.

배심원 2번 : 이런 정도의 증거를 가지고 사람을 사형장에 보내서는 안 됩니다.

배심원 3번 : 세상에. 그런 소리 하지 말아요.

배심원 8번 : 그 여자가 실수했을 수도 있다고 생각하지 않나요?

배심원 3번 : (고집스럽게) 아니요!

배심원 8번 : 가능성은 있지 않나요?

배심원 3번 : 가능성 없소.

배심원 8번 : (일어나서 배심원 12번에게 말한다.) 가능성이 있나요?

배심원 12번 : (고개를 끄덕이며) 무죄요.

배심원 8번 : (10번에게) 유죄라고 생각하나요?

(10번은 아니라고 고개를 흔든다.)

배심원 3번 : 유죄라고 생각하오.

배심원 8번 : (3번을 무시하고 4번에게 향한다.) 어떻게 생각하시나요?

배심원 4번 : (8번을 바라보고, 잠시 생각에 잠긴 후에 고개를 흔든다.) 아니요. 이제 확신이 드네요. 무죄요.

배심원 3번 : (자기 생각과 동조하는 사람들을 잃고 나서 충격에 빠진다.) 도대체 뭐가 문제요?

배심원 4번 : 이제 합리적인 의심이 들기 시작했소.

배심원 9번 : 무죄와 유죄 의견이 11대 1이네!

한 사람 남은 배심원 3번도 설득할 수 있을까? 오래전에 제작된 영화지만, 빛나는 연기와 탄탄한 연출이 심각한 주제와 절묘하게 맞아떨어진 멋진 법정 영화다. 우리나라에서도 이 영화처럼 죄 없는 한 사람을 끝까지 구해낼 수 있는 '공정한' 정의를 정착하기 위한 사법부의 각성과 노력을 기대한다. 마태복음의 다음 구절이 생각난다.

너희 생각에는 어떠하냐? 만일 어떤 사람이 양 백 마리가 있는데 그중의 하나가 길을 잃었으면 그 아흔아홉 마리를 산에 두고 가서 길 잃은 양을 찾지 않겠느냐? 진실로 너희에게 이르노니 만일 찾으면 길을 잃지 아니한 아흔아홉 마리보다 이것을 더 기뻐하리라. 이처럼 이 작은 자 중의 하나라도 잃는 것은 하늘에 계신 너희 아버지의 뜻이 아니니라.(마태복음 18장 12-14)

What do you think? If any man has a hundred sheep, and one of them has gone astray, does he not leave the ninety-nine on the mountains and go and search for the one that is straying? If it turns out that he finds it, truly I say to you, he rejoices over it more than over the ninety-nine which have not gone astray. So it is not the will of your Father who is in heaven that one of these little ones perish.(Matthew 18:12-14)

영화로 보고
영어로 읽는 세상

더 포스트
The Post, 2017
My decision stands
내 결정은 변함이 없어요

감독 스티븐 스필버그(Steven Spielberg)
각본 조시 싱어(Josh Singer)
출연 메릴 스트립(Meryl Streep)
　　 톰 행크스(Tom Hanks)

합리화하지 못할 전쟁

　1971년 베트남 전쟁이 절정이던 때, 뉴욕 타임스와 워싱턴 포스트는 미국의 베트남 전쟁 개입을 위한 불법 여론 조작과 베트남 정치 개입, 전쟁의 진실 은폐 등 모든 정보를 기록한 국방부의 기밀문서를 공개한다. 영화 〈더 포스트(The Post, 2017)〉는 이 사건에 연루된 워싱턴 포스트 사주 캐서린 그레이엄(Kathryn Graham)과 편집장 벤 브래들리(Ben Bradlee), 워싱턴 포스트 기자들의 활약을 소재로 하고 있다.

　국방부 산하 연구소에서 연구원으로 근무하던 댄 엘스버그(Dan Ellsberg) 박사는 미국 정부가 1960년대 이후, 미국의 베트남전 개입을 정당화하기 위해 불법 행위를 저질렀음을 명확하게 보여주는 7천 페이지에 달하는 기밀문서(펜타곤 기밀문서)를 뉴욕 타임스와 워싱턴 포스트에 제공한다. 그리고 워싱턴 포스트 기자이자 전 동료인 벤 벡디키언을 만나 위험을 감수하고 비밀문서를 공개한 이유를 밝힌다.

Dan Ellsberg : Someone said this at some point about why we stayed when we knew we were losing. Ten percent was to help the South Vietnamese. Twenty percent was to hold back the Commies. Seventy percent was to avoid the humiliation of an American defeat. Seventy percent of those boys just to avoid being humiliated? That stuck with me.

댄 : 누군가 이런 질문을 했다고 하더군. 질 전쟁인 줄 뻔히 알면서 왜 계속 싸우고 있냐고. 10%는 남베트남을 돕기 위해서라 하고, 20%는 공산당을 막기 위해서라 말하고, 70%는 패배의 치욕을 피하기 위해서라는 거야. 큰 충격을 받아 이 말이 계속 머리에 남아 있었어.

Dan Ellsberg : But it didn't take him long to figure out, well, for us to figure out if the public ever saw these papers they would turn against the war. Covert ops, guaranteed debt, rigged elections? It's all in there. Ike, Kennedy, Johnson··· they violated the Geneva Convention. They lied to Congress and they lied to the public. They knew we couldn't win and still sent boys to die.
Ben Bagdikian : What about Nixon?
Dan Ellsberg : He's just carrying on like all the others, too afraid to be the one who loses the war on his watch.

댄: 그렇지만 금방 깨달았어. 만일 일반인들도 우리 서류를 본다면 전쟁을 반대할 거라는 사실을. 이 서류에는 몰래 행한 작전과 전쟁 때문에 우리가 감당해야 할 나랏빚에 베트남 선거 조작까지 모든 내용이 담겨 있어. 아이젠하워와 케네디, 존슨 대통령 모두 제네바 협약(전쟁에서 인도적 대우에 관한 기준을 정립한 국제 협약)을 위반했어. 정부는 의회도 국민도 속였지. 우리가 이기지 못할 것을 뻔히 알면서 젊은이들을 죽음으로 내몰았어.

벤: 닉슨은 어때?

댄: 그저 다른 대통령처럼 전쟁을 계속했지. 자신이 대통령으로 있는 동안 전쟁에서 패배했다는 낙인을 받게 될 것을 두려워하면서.

그러나 아무리 옳은 일을 한다고 해도 나라에서 감추고 있는 비밀을 폭로하려면 대가를 치를 각오를 해야 한다.

Ben Bagdikian: They're going to lock you up, Dan. I got to be honest, the bread crumbs weren't too hard to follow.
Dan Ellsberg: Wouldn't you go to prison to stop this war?
Ben Bagdikian: Theoretically, sure.
Dan Ellsberg: You are gonna publish these documents?
Ben Bagdikian: Yeah.
Dan Ellsberg: Even with the injunction.
Ben Bagdikian: Yes.
Dan Ellsberg: Well, then. It's not so theoretical then, is it?

벤: 솔직히 말하는데, 자네는 감옥에 갈 거야. 그동안 자네의 행적을 추적하면 누가 비밀을 누출했는지 알아내기는 어려운 일이 아니야.

댄: 전쟁을 멈출 수 있다면 감옥 가는 게 대수겠어?

벤: 말이야 쉽지.

댄: 이 문서들을 신문 기사로 발행할 거지?

벤: 그럼.

댄 : 법원에서 발행을 금지해도?

벤 : 물론이지.

댄 : 그러면 됐어. 자네도 각오가 되었구먼.

뉴욕 타임스와 워싱턴 포스트 두 신문은 국가의 기밀 유지보다는 미 헌법에 보장된 국민의 알 권리가 더 중요하다고 판단해서 비밀문서를 폭로하며 기사를 게재하기로 한다. 이 와중에 벤 브래들리 워싱턴 포스트 편집장은 이사진 중 한 명인 프리츠(Fritz)와 언론의 자유에 대해 논쟁을 벌인다.

Fritz Beebe : If the government wins and we're convicted, the Washington Post as we know it will cease to exist.

Ben Bradlee : Well, if we live in a world where the government could tell us what we can and cannot print, then the Washington Post as we know it has already ceased to exist.

프리츠 : 만일 재판에서 정부가 승리하고 우리가 고발당하면 워싱턴 포스트는 사라질 거요.

벤 : 글쎄, 정부가 우리에게 무엇을 발행할 수 있고 무엇을 발행할 수 없는지 결정해주는 세상에 살고 있다면 워싱턴 포스트는 세상에 없는 것이나 마찬가지요.

언론의 자유, 언론의 역할

1791년 미국 정부는 미국 헌법에 대한 첫 번째 수정안을 의회에서 통과시킨다. 민주주의에서 가장 기본인 종교와 언론, 집회 결사, 탄원에 대한 자유를 보장하는 수정안이다.

〈First Amendment〉

Congress shall make no law respecting an establishment of religion, or prohibiting the free exercise thereof; or abridging the freedom of speech, or of the press; or the right of the people peaceably to assemble, and to petition the Government for a redress of grievances.

〈미 헌법 제1 수정안〉

의회는 종교를 만들거나 자유로운 종교 활동을 금지하거나, 발언의 자유를 저해하거나, 출판의 자유나, 평화로운 집회의 권리, 그리고 정부에 탄원할 수 있는 권리를 제한하는 어떠한 법률도 만들 수 없다.

대한민국 헌법 21조에도 언론의 권리가 보장되어 있다.

〈대한민국 헌법 21조〉

❶ 모든 국민은 언론·출판의 자유와 집회·결사의 자유를 가진다.

❷ 언론·출판에 대한 허가나 검열과 집회·결사에 대한 허가는 인정되지 아니한다.

❸ 통신·방송의 시설 기준과 신문의 기능을 보장하기 위해 필요한 사항은 법률로 정한다.

❹ 언론·출판은 타인의 명예나 권리 또는 공중도덕이나 사회 윤리를 침

해하여서는 아니 된다. 언론·출판이 타인의 명예나 권리를 침해한 때에는 피해자는 이에 대한 피해의 배상을 청구할 수 있다.

그렇지만 우리나라 수많은 언론 기관들이 언론의 자유를 통해 자신의 의무를 다하고 있는지 많은 사람이 의문을 가지고 있는 게 사실이다.

캐서린 그레이엄은 남편 필 그레이엄(Phil Graham)이 갑자기 세상을 떠나면서 워싱턴 포스트를 물려받았다. 여성이라는 이유로 중역진에게 무시당하고 국방성 비밀문서 공개 등으로 신문사가 문을 닫을 수도 있는 어려운 처지에 몰렸지만, 끝까지 언론의 자유를 위해 굳건히 제자리를 지킨다. 그녀에게는 이런 확신이 있었다.

Kay Graham : Do you know what my husband said about the news? He called it the first rough draft of history.

캐서린 : 세상을 떠난 내 남편이 신문 기사에 대해 뭐라고 이야기했는지 알아요? 기사는 역사 기록의 초안이라고 했어요.

현시점의 우리나라 언론인들도 이런 생각을 하고 있는지 정말 궁금하다. 눈에 보이는 언론의 현실이 전혀 그렇지 않아서 드는 생각이다.

편집장 벤 브레들리도 언론의 자유에 관한 생각이 확고하다.

Ben Bradlee : We'll tell them that the only way to protect the right to publish - is to publish.

벤 : 사람들에게 말합시다. 출판의 자유를 지키는 길은 신문을 발행하는 길밖에 없어요.

뉴욕 타임스와 워싱턴 포스트의 비밀문서 폭로 사건이 터졌을 당시 국방부 장관은 로버트 맥나마라였다. 학자 출신인 맥나마라 장관은 베트남 전쟁의 전후 사정과 전개 과정을 문서로 작성하라고 지시를 내렸다. 그래서 폭로 대상이 된 펜타곤 문서 제작 책임자다. 하지만 문서가 폭로되면 가장 큰 어려움을 겪을 사람이기도 하다. 또 맥나마라 부부는 워싱턴 포스트의 사주인 그레이엄 부부와 아주 가까운 사이다. 자신의 안위도 걱정이지만 문서 폭로 후에 케서린이 겪을 어려움이 두려운 로버트는 진심으로 케서린에게 충고한다.

Robert McNamara : If you publish, you'll get the very worst of him, the Colsons and the Ehrlichmans and he'll crush you.
Kay Graham : I know, he's just awful, but I⋯
Robert McNamara : [Interrupting and getting extremely angry] He's a⋯ Nixon's a son of a bitch! He hates you, he hates Ben, he's wanted to ruin the paper for years and you will not get a second chance, Kay. The Richard Nixon I know will muster the full power of the presidency and if there's a way to destroy your paper, by God, he'll find it.

로버트 : 만일 기사를 발행하면 닉슨은 최악의 짓을 저지를 거예요. 그의 부하들인 콜슨이나 얼리크만을 동원해서 엄청난 어려움을 줄 거란 말이죠.
케서린 : 그래요. 닉슨이 못된 인간인 지는 잘 알아요.
로버트 : (케서린의 말을 막고 엄청나게 화를 내며) 닉슨은 정말 최악의 사람이란 말이요. 당신도 미워하고 벤 국장도 미워하오. 몇 년 동안이나 워싱턴 포스트지를 없애고 싶었고 만일 그가 일을 저지르면 워싱턴 포스트는 다시 일어설 기회가 없이 파괴되어 버릴 거요. 내가 아는 닉슨 대통령은 틀림없이 자기가 가진 모든 힘을 다 동원해서 워싱턴 포스트지를 없애버릴 방법을 찾을 것이오.

Let's publish it! (발행합시다!)

캐서린의 베트남 기사 발행 결정에 편집장 브레들리와 기사를 작성한 기자들은 환호했지만, 신문사 중역들은 마지막으로 한 번만 더 생각해 달라고 밤중에 캐서린의 집까지 찾아와 조른다. 그들을 향해 캐서린은 선언한다.

Kay Graham : My decision stands, and I'm going to bed.

캐서린 : 내 결정은 변함이 없어요. 이제 나는 자러 갑니다.

닉슨 대통령은 간첩죄 등으로 워싱턴 포스트와 뉴욕 타임스 두 신문을 고발하여 역사적인 재판이 열린다. 두 신문은 대법원에서 정부에 승소한다. 대법관 중 한 명의 의견이 언론 자유의 핵심을 관통한다.

In the First Amendment the Founding Fathers gave the free press the protection it must have to fulfill its essential role in our democracy. The press was to serve the governed, not the governors.

미국 헌법 수정안 제1조를 통해서 우리 건국의 아버지들은 자유 언론이 보호받아야 함을 명확히 했는데 이는 언론이 민주주의를 위해 해야 할 중대한 역할이 있기 때문이다. 언론은 통치자를 위해 일하는 것이 아니고 통치받는 사람을 위해 봉사해야 한다.

영화 마지막 장면의 캐서린과 벤 두 사람이 나누는 대화에서 언론의
책임이 무엇인지 생각하게 한다.

Kay Graham : Oh well, we don't always get it right. You
know, we're not always perfect. But, I think if we just - keep
on it, you know, that's the job, isn't it?
Ben Bradlee : Yes, it is.

캐서린 : 우리가 항상 옳을 수는 없지요. 우리가 항상 완벽하지도 않고요.
그렇지만 그냥 이대로 항상 우리가 하던 일을 계속해 나가는 것이지요. 그
렇죠?

벤 : 맞아요.

언론의 책임과 권한에 대한 의미 깊은 영화다. 불현듯 우리나라 언론
현실에 대해서도 생각한다. 규모도 재벌급이고 정치 경제에 큰 영향력
을 발휘하는 우리나라 굴지의 신문사들의 사주와 기자들이 꼭 보았으면
하는 영화다.

이 영화는 미국 영화 연구소(American Film Institute) 2018년 최고의 영화
로 선정되었다. 선정 이유 중 일부로 이 글을 맺는다.

Meryl Streep captures the insightful ferociousness of Katha-
rine Graham, proving that the fight for truth, justice and the
American way is not the purview of superheroes, but fearless
women and men willing to do what is just - for without them,
democracy dies in darkness.

배우 메릴 스트립은 캐서린 그레이엄의 진지하지만 용감한 통찰력을 잘

표현했다. 캐서린이 보여주는 진리와 정의를 위한 싸움은 영웅들만이 아닌 올바른 일을 기꺼이 감당하는 두려움을 모르는 여성과 남성 모두의 몫이다. 이들이 없다면 민주주의는 어두움에 싸여 소멸하고 말 것이기 때문이다.

커리지 언더 파이어
Courage Under Fire, 1996
진실의 힘

감독   에드워드 즈윅(Edward Zwick)
각본   패트릭 쉔 던컨(Patrick Sheane Duncan)
출연   덴젤 워싱턴(Denzel Washington)
      멕 라이언(Meg Ryan)

장교의 책임과 의무

영화 〈커리지 언더 파이어(Courage Under Fire, 1996)〉는 1991년 1월 17일부터 2월 28일까지 벌어진, 미국을 중심으로 한 다국적군(Coalition Force)과 이라크 간 걸프 전쟁(Gulf War)을 소재로 한 영화다. 다국적군은 쿠웨이트를 침략한 이라크군을 섬멸하여 이라크에 강제 병합된 쿠웨이트의 독립을 회복했다.

영화에서 카렌 월든[Karen Walden, 멕 라이언(Meg Ryan) 분] 대위는 육군 구조 헬리콥터(Combat Rescue Helicopter) 조종사다. 헬리콥터는 부상 당한 미군 병사를 구출하던 중에 적의 공격을 받아 추락한다. 그녀는 부상자를 치료하며 대원들과 함께 밤새 이라크군의 공격을 막으며 구출을 기다린다. 이 와중에 월든은 동료들을 버리고 단독 탈출을 감행하는 부사관을 제압하다가 그의 총에 맞는다. 총상을 치료하자며 달려드는 부사관에게 소리친다.

🎬

Captain Karen Emma Walden : [to Monfriez, after she's been shot in the abdomen] I gave birth to a nine-pound baby, asshole. I think I can handle

카렌 월든 대위 : (그에게 총을 쏜 몬프리에즈 하사에게 소리친다.) 나는 4킬로짜리 아기도 낳아본 사람이야. 이 정도는 아무것도 아니야.

여자는 약할지 모르지만 엄마는 강하다. 월든 대위는 이혼모로 어린 딸이 있다. 밤새 적의 공격을 버티다가 다음 날 미군은 월든 대위를 제외한 전원을 구조한다. 월든의 부하들은 그녀가 구조 작전 중 적과 전투 중에 사망해서 구조 헬기로 함께 오지 못했다고 진술한다. 그러나 이는 완벽한 진실은 아니다.

국방부에서는 월든 대위에게 여성 최초로 가장 명예로운 훈장인 'Medal of Honor'를 수여하기로 하고 공적 조서 작성 등 전후 조사를 설링 중령[Lt. Colonel Serling, 덴젤 워싱턴(Denzel Washington) 분]에게 맡긴다.

설링 중령도 탱크 부대 지휘관으로 걸프전에 참전했다. 그는 전투 중에 탱크 포를 오발하여 자신이 가장 아끼는 부하 보일러 대위(Capt. Boylar)가 탄 탱크를 맞추어 그를 죽이는 사고를 냈다. 육군에서는 이를 감추라고 지시했고, 보일러 대위의 부모에게는 톰 보일러가 전투 중에 적의 공격으로 사망했다고 거짓으로 통보했다. 자기 부하를 죽인 죄책감과 진실을 감춘 미안함으로 설링 중령은 매일 술이 없으면 살지 못하는 상태가 된다. 하지만 책임감 있는 장교답게 자신이 맡은 월든 대위 훈장 관련 조사를 빈틈없이 수행한다.

진실은 결국 드러난다

결국 월든 대위는 용감하게 부하를 지휘하고 자신의 임무를 수행했음이 드러난다. 겁에 질린 월든 부하들의 조직적인 거짓말을 밝혀낸다.

한편 워싱턴 포스트의 가트너 기자는 탱크 오발 사건을 눈치채고 추적 중이다. 가트너 기자가 동석한 가운데 설링 중령은 월든 대위 관련 최종 보고서를 자기 상관이자 월든 대위 훈장 관련 조사 총 책임자인 허쉬버그 장군에게 제출한다. 허쉬버그 장군은 탱크 오발 사건의 진실을 은폐하라고 지시한 당사자이기도 하다. 가트너 기자는 장군에게 탱크 오발 사건 질문을 퍼붓는다.

Tony Gartner, Washington Post : General, Colonel Serling's order to activate lights, was that a standard response to enemy infiltration of the lines?

General Hershberg : At the critical moment, in spite of terrible losses, Colonel Serling didn't hesitate to act. Ordering those tanks to turn on their lights saved the lives of God knows how many of our men. Heroic acts arise out of desperate circumstances.

Tony Gartner, Washington Post : I have no trouble at all believing Colonel Serling is a hero.

General Hershberg : Like Captain Karen Walden. Did you know, Mr Gartner, that for the first time a woman is being considered for the medal of honor for her performance under fire? And, um··· Colonel Serling is just finishing up the inquiry. How's that going, Nat?

Nathaniel Sterling : I think, uh··· in order to honor a soldier like Karen Walden, we have to tell the truth, General, about what happened over there. The whole, hard··· cold truth. And until we do that, uh, we dishonor her and every soldier who died, who gave their life for their country.

[Colonel Sterling gets up out of his chair, walks over to General Hershberg and throws his report on the desk]

Nathaniel Serling : My full report General.

워싱턴 포스트 토니 가트너 기자 : 장군, 설링 중령이 모든 조명을 켜라고 명령했는데 이는 최전선에서 적이 침투해 들어올 때 취하는 통상적 조치인가요?

허쉬버그 장군 : 상황이 급박해지면 인원의 상실을 대비해서 설링 중령은 주저하지 않고 조치했지요. 탱크에 모든 조명을 켜라고 명령을 내린 덕에 얼마나 많은 인원을 구했는지 모릅니다. 최악의 상황에서 나온 영웅적인 결단이지요.

가트너 기자 : 설링 중령이 전쟁 영웅이라는 점에는 한 치의 의심도 없습니다.

허쉬버그 장군 : 월든 대위도 마찬가지죠. 기자분도 알고 계신 줄 모르겠네요. 사상 최초로 여성 군인이 전쟁터에서 취한 용맹한 행동으로 인해 명예 훈장 서훈자로 거론되고 있어요. 여기 설링 중령이 그에 대한 조사를 이제 막 마무리했지요. 중령, 조사는 어떻게 됐나?

설링 중령 : 월든 같은 군인을 기리기 위해서는 우리는 진실을 말해야 한다고 생각합니다. 꾸미지 않은 그대로의 진실 말입니다. 그렇게 하지 않는다면 우리는 조국을 위해 자신의 생명을 바친 병사들의 명예를 더럽힌다고 생각합니다.

월든 대위는 명예 훈장 수여자로 결정된다. 그녀의 딸이 대신하여 대통령에게 훈장을 받는다. 훈장 수여식에서 진행된 대통령의 연설 일부다.

The President : Few of us are given the opportunity, even fewer the courage to sacrifice ourselves for the lives of our comrades. In daily life, even as in battle each one of us is mysteriously and irrevocably bound to our fellow man. And yet, it is only in death that the power of this bond is finally tested and proven. And who among us really knows how he might respond when the moment comes?

대통령 : 동료들의 목숨을 위해 자신의 목숨을 희생할 수 있는 용기를 가진 사람은 거의 없을 것입니다. 우리 일상의 삶이나 전투에서 우리의 삶이 동료들의 삶과 떼려야 뗄 수 없는 관계로 연결되는 것을 보면 신비스럽기까지 합니다. 그리고 죽음이야말로 이 관계가 얼마나 튼튼한지를 시험하고 드러낼 수 있는 시험대가 됩니다. 그리고 그런 시험이 닥쳤을 때 정말로 나설 수 있다고 자신할 수 있는 사람이 몇 명이나 될까요?

월든 대위는 그런 용기를 갖춘 장교였다. 설링 중령은 진실을 밝혀냈다.

진실의 힘, 용서의 힘

설링 중령은 아군의 잘못된 사격으로 전사한 보일러 대위의 진실을 감추라는 육군 당국의 명령을 어기면서 보일러 대위의 부모를 찾아간다.

Tom Boylar's Father : I guess we've been expecting you.

Serling : First of all, let me, um. Let me just say that, uh. there was nothing that, uh. Tom and I wouldn't do for each other. Nothing. He was a good soldier. He was like a brother to me. That night, uh, 25 February. there were enemy tanks in our lines. We thought. I. I thought that, uh. Tom's tank was an enemy tank. And, uh. I gave the order to fire. God help me. I, um. Yeah, I killed him. As for the funeral. the lies the Army told. and the lies that I told.to you, I can only beg for your forgiveness. As far as the. As far as that night, um. I guess there's no way that, uh. I can even begin to ask you to forgive me.

Tom Boylar's father : I know that. but it's a burden you're going to have to put down sometime.

Serling : Thank you, sir.

보일러 대위의 아버지 : 중령이 한 번 올 줄 알았소.

설링 중령 : 먼저 말씀드리고 싶은 일은 톰과 저는 서로를 위해 못 할 일이 없었다는 점입니다. 톰은 훌륭한 군인이고 톰은 저에게 형제 같았습니다. 사건이 일어난 2월 25일 밤 우리는 적과 마주쳤습니다. 우리는, 아니 저는 톰의 탱크가 적의 탱크라고 판단했고 포격을 명령했습니다. 오, 하나님 도 와주세요. 그러니까 제가 그를 죽인 것입니다. 거짓 장례식에서 육군이 한 거짓말과 제가 한 거짓말 모두 용서를 빕니다. 하지만 그날 밤 제가 저지른 일에 대해서는 용서를 빌 수도 없습니다.

보일러 대위의 아버지 : 알겠소. 하지만 언젠가는 그런 마음의 짐은 내려 놓아야 하오.

설링 중령 : 감사합니다.

진실의 힘은 강하다. 진실은 용서하는 힘이고 치유하는 능력이다. 끔찍한 사고를 당한 후 엄청난 슬픔이 몰려와도 진실을 알게 되면 슬픔을 극복할 용기와 잘못한 사람을 용서할 힘이 생긴다.

2016년 세월호 여객선 침몰로 수백 명의 어린 학생들이 목숨을 잃었다. 끔찍한 일이다. 이런 비극을 당한 부모들이 바라는 일은 오직 한 가지, 사건의 진실이다. 왜 이런 일이 생겼는지, 왜 구조할 시간과 기회가 있었는데 구조하지 않았는지. 이런 진실을 규명하지 않으면서 화해와 용서를 말하고 있는 사람들은 부모들에게 또 다른 상처와 피해를 주고 있다. 이 글을 쓰기 며칠 전 끔찍한 압사 참사가 이태원에서 발생했다. 사건의 본질을 밝히는 노력을 비웃고 방해하는 세력들이 또 몰려나왔다. 역사에서 배우지 못하면 우리에게 내일은 없다.

영화에서 월든 대위는 걸프전이 터지기 며칠 전 부모님께 편지를 남긴다. 만일 그녀가 사망하면 부모님께 전달되는 유서다. 전쟁에 나가는 군인들은 모두 이런 편지를 한 통씩 쓴다. 힘들고 어려워도 월든 대위는 최선을 다했다. 그리고 그녀의 진실은 용감한 사람들이 밝혀주었다.

Karen : Dear Mom and Dad, well, this is it - the big push. Looks like it's gonna really happen. And I'm afraid. not of being hurt or killed. well, kind of, but not much. My only regret will be to never see you two again. and that Ill never see Anne Marie grow up. But I know she's in good hands, the best. What I'm really afraid of is that I might let my people down, my crew. These people depend on me. They put their lives in my hands. I just can't fall 'em. Now, I know if you get this letter.it means I'm dead. I only hope that I've made you proud. that I did my job. and I didn't let down my country. my crew, my fellow soldiers. I Love you guys. Never stop telling Anne Marie how much I Love her.

Your daughter, Karen.

Lt. Jordan O'Neil : Don't know!
Master Chief John Urgayle : It lets you know you're not dead yet!

어게일 훈련 교관 : 고통은 네 친구고 동료야. 중상당했음을 알게 되고 고통이 있으면 항상 깨어 있을 수 있고, 분노에 차서 임무를 완수하고 빨리 집에 돌아가야 한다는 사실을 알려주잖아. 그렇지만 고통이 정말 좋은 점이 무엇인지 알아?

오닐 대위 : 모르겠습니다!

어게일 훈련 교관 : 아프다는 건 아직 살아있다는 거라고!

고통이 반드시 나쁜 것은 아니다. 예를 들어 당뇨병 환자에게 찾아오는 무서운 합병증 중 하나가 발가락의 모세혈관이 막혀서 괴사하는 경우다. 이 경우 아픔을 느낄 수 있다면 이런 합병증을 사전에 발견할 수 있을 것이다. 하지만 당뇨병 환자가 통증을 느끼지 못하는 것이 다가오는 합병증을 알아차리는 일을 방해한다는 것이다.

어게일 교관은 첫날 훈련을 시작하기 전에 로렌스(D. H. Lawrence)의 시를 들려주며 야생 동물처럼 강하게 훈련을 이겨낼 것을 요구한다.

Self Pity
자기 연민

디 에이치 로렌스(D. H. Lawrence)

I never saw a wild thing sorry for itself.
A small bird will drop frozen dead from a bough
without ever having felt sorry for itself.

나는 들짐승이 자기 연민에 빠진 것을 본 적이 없다
얼어 죽은 작은 새가 나뭇가지에서 떨어질 때도
자신의 처지를 슬퍼하지 않았으리라

군인과 시인, 잘 어울리지 않는 조합이라고 생각할 수도 있다. 하지만 시 내용을 음미해보면 어게일 교관은 자기 내면을 단련시키고 어떤 고통도 이겨내며 주어진 임무를 수행하는 군인임을 잘 알 수 있게 하는 대목이다.

그리고 훈련에 임하는 군인들에게 소리친다.

Master Chief John Urgayle : SIXTY PERCENT of you will NOT pass this course! How do I know? Because that is an historical FACT! Now for the bad news, I always like to get one quitter on the first day, and until I do, that first day does not end!

어게일 훈련 교관 : 귀관 중 60%는 이 과정을 통과하지 못해. 어떻게 아느냐고? 내가 말한 것은 역사적 사실이거든. 그리고 악몽 같은 소식이 있어. 훈련 첫날에 그만두겠다고 하는 사람을 반드시 찾아낼 거야. 그러기 전에는 첫날은 끝나지 않고 계속될 거야.

영화 관람객 대부분이 눈치채지 못하고 지나가지만, 흑인 차별에 관한 이야기도 나온다. 1940년대 2차 세계 대전 당시 흑인들은 나라를 사랑하는 마음에 군인이 되어 참전했지만, 그들이 실제 전투 임무에 배치되는 일은 드물었다. 지금도 현역 네이비 실 중 흑인 비율은 1.3%에 지나지 않는다.

한 흑인 지원자가 훈련 도중 오닐 대위를 격려하며 자기 할아버지가 겪었던 이야기를 꺼낸다.

McCool : I had a grandfather who wanted to be a Navy man.

He wanted to fire them big guns off them big-ass battleships. Navy says to him "No. You can only do one thing on a battleship, son. That's cook." And I'm not talking about a hundred years ago. I'm talking United States Navy, middle of World War II. You know the reason they gave him? The reason why they told my grandfather he couldn't fight for his country? "Cause Negroes can't see at night. Bad night vision."

Flea : Damn, man. That's unbelievable. Thank God times have changed.

McCool : Have they? So you see, O'Neil. I know where you're coming from. Cause to them you're just the new nigger on the block, that's all. Maybe you just moved in a little too early.

Lt. Jordan O'Neil : Thanks, man.

맥쿨(흑인 지원자): 우리 할아버지는 해군이 되고 싶으셨대. 멋진 배에서 큰 포를 쏘는 진짜 해군 말이야. 그런데 이런 말을 들으셨대. "이봐 네가 전투함에서 할 수 있는 일은 한 가지뿐이야. 취사병." 내가 백 년 전 얘기를 하는 것도 아니야. 제2차 세계 대전 중 미 해군에서 일어난 일을 이야기하고 있는 거라고. 해군에서 할아버지에게 왜 흑인이 전투병이 될 수 없는지 물어보면 무슨 이유를 들었는지 알아? "흑인들은 밤에 잘 못 보잖아. 야간 시력이 엉망이잖아."

플리 지원자 : 세상에 말도 안 돼. 이제라도 세상이 바뀌어서 정말 다행이야.

맥쿨 : 정말 세상이 바뀌었다고 생각해? 오닐 대위. 왜 일을 시작했고 어떤 일을 겪고 있는지 잘 알겠어. 해군이 보기엔 너도 우리 같은 또 다른 흑인 신세야. 네가 너무 빨리 왔는지도 모르겠어.

오닐 대위 : 알아줘서 고마워.

어게일 교관은 여성이 전투에 의무적으로 참여하는 것에 대해 지극히 부정적이다.

Master Chief John Urgayle : The Israelis tried it. Women in combat. Seems men couldn't get used to the sight of women blown open. They'd linger over the wounded females, often trying to save those who obviously couldn't be saved. Often to the detriment of the mission.

Lt. Jordan O'Neil : You were given the Navy Cross right? May I ask what you got it for?

Master Chief John Urgayle : Since it bears on this conversation, I got it for pulling a 240-pound man out of a burning tank.

Lt. Jordan O'Neil : So when a man tries to rescue another man, he's a hero, but if he tries to rescue a woman, he's just gone soft?

Master Chief John Urgayle : Could you have pulled that man clear? Lieutenant, you couldn't even haul your own body weight out of the water today.

어게일 훈련 교관 : 이스라엘군은 여성 군인의 전투 참전을 시도한 적이 있어. 그런데 남자들은 여성 군인들이 전투에서 중상을 입는 상황을 견디지 못하는 거야. 전투를 계속하지도 못하고 살리지 못할 여성 군인을 살리느라 헛수고만 하면서 임무도 망치고.

오닐 대위 : 당신은 해군 십자 훈장(the Navy Cross, 미 해군에서 두 번째로 명예스러운 훈장)을 받았지요? 어떻게 받았는지 물어봐도 될까요?

어게일 훈련 교관 : 우리가 지금 하는 대화와 관련이 있으니 말해주겠소. 화염에 싸인 탱크에서 100킬로가 넘는 병사를 끌어내어 구조했소.

오닐 대위 : 그러니까 남자 군인이 다른 남자 군인을 구하려 하면 영웅이 되지만 여자 군인을 구하려 하면 바보 같은 놈이 된다는 말인가요?

어게일 훈련 교관 : 오닐 대위가 나처럼 그 무거운 군인을 끌어낼 수 있을까요? 당신은 물에서 당신 몸 하나 제대로 끌어 올리지 못하지 않소.

오닐 대위는 체력을 기르기 위해 온갖 노력을 다하고 정신력으로 버티며 훈련을 견뎌낸다. 자진해서 훈련을 포기하는 군인들이 늘어나지만 오닐 대위는 포기하지 않는다. 자잘한 부상은 일상이다. 여성 군의관이 오닐을 치료하며 보다 못해 묻는다.

Lt. Blondell : Lieutenant, why are you doing this?
Lt. Jordan O'Neil : Do you ask the men the same question?
Lt. Blondell : As a matter of fact : yes, I do ask them.
Lt. Jordan O'Neil : And what do they say?
Lt. Blondell : Cause I get to blow shit up.
Lt. Jordan O'Neil : Well, there you go.

브론델 대위(군의관) : 대위, 왜 이런 일을 하고 있죠?
오닐 대위 : 똑같은 질문을 남자 군인들에게도 하나요?
브론델 대위 : 사실대로 말하자면 그래요.
오닐 대위 : 남자들은 뭐라고 하던가요?
브론델 대위 : 폭탄을 내 마음대로 쓸 수 있기 때문이라고 하던데요.
오닐 대위 : 나도 그렇다고 해둡시다.

영화는 여성 군인의 참전과 금녀 영역에 도전하는 여성의 외로운 싸움을 잘 묘사하고 있다. 남녀 간에 체력 차이가 확실히 존재하는데 여성이 특수 병과에 굳이 도전할 필요가 있느냐는 비판도 있겠지만, 영화는 민감하고 심각한 주제를 명감독의 선 굵은 연출로 잘 다루고 있다.

2016년 이후 여성 군인도 네이비 실에 지원할 수 있고 선발 과정과 훈련을 마치면 전투 임무에 참여할 수 있다. 그러나 2023년 현재 아직 여성 네이비 실 요원은 없다. 영화에서 오닐 대위가 모든 훈련을 잘 마치고 최초의 특수 부대원이 될 수 있을까? 영화를 직접 보고 발견하기 바란다.

컨택트
Arrival, 2016
거기 누구 없소?

감독 드니 빌뇌브(Denis Villeneuve)
각본 에릭 헤이저러(Eric Heisserer)
　　　테드 창(Ted Chiang)
출연 에이미 아담스(Amy Adams)
　　　제레미 레너(Jeremy Renner)
　　　포레스트 휘태커(Forest Whitaker)

사람과 시간을 찾습니다

　끝을 알 수 없는 넓은 우주에, 지구에만 생명체가 있지는 않을 거라는
믿음은 사람들의 상상력과 결합하여 수많은 영화와 문학작품을 만들었
다. 그중에 사람들의 흥미를 가장 자극하는 주제는 외계인의 지구 방문
사건이다. 지구를 정복하기 위해 침략하는 영화(《War of Worlds, 2005》,《Edge of
Tomorrow, 2024》)도 있고 우연히 지구에 도착한 외계인이 자신들의 고향으
로 돌아가려고 애쓰는 영화(《E.T.,1983》,《District 9,2009》)도 있다.
　우리의 상상을 초월하는 이 넓은 우주에 고등 지능을 가진 생명체가
과연 우리뿐일까 하는 의문을 가진 과학자들은 수없이 많다. 그중 한 사

람인 천문학자 칼 세이건(Carl Sagan)의 소설을 바탕으로 1997년 로버트 저메키스(Robert Zemeckis, 영화 포레스트 검프의 감독이기도 하다)가 만든 영화 〈콘택트 (Contact)〉가 있다. 여기에서 훗날 천문학자 우주 비행사가 되는 어린 엘리 와 역시 천문학자인 그녀의 아버지 테드는 대화를 나눈다.

Young Ellie : Dad, do you think there's people on other planets?
Ted Arroway : I don't know, Sparks. But I guess I'd say if it is just us⋯ seems like an awful waste of space.

어린 엘리 : 아빠, 다른 행성에도 사람이 살고 있을까요?

테드(아버지) : 모르겠구나, 호기심 많은 딸. 그렇지만 우리만 우주에 산다 면 이 넓은 우주를 엄청나게 낭비하고 있는 것처럼 보이기는 하는구나.

영화 〈컨택트(Arrival, 2016)〉(원제목 Arival은 도착이라는 뜻이지만, 우리나라 상영 제목은 '컨 택트'로 했다.)에서 지구 12개 나라에 동시에 도착한 외계인은 지구인과 의 사소통하기 위해 노력하는 듯 보인다. 미국 국방성(실제로는 외계인이 침략했을 가 능성도 있기 때문에 군대가 개입했다)에서는 언어학자 루이스 뱅크스(Louis Banks) 박 사[에이미 아담스(Amy Adams) 분]를 고용해 외계인과 대화를 시도한다. 사실 언 어학자라고 해서 처음 접하는 언어를 이해하고 소통할 수 있는 능력을 지닌 것은 아니다. 다만 지구까지 날아올 정도의 문명을 가진 외계인이 라면 규칙(문법)을 가진 의사소통 수단을 가졌으리라는 믿음 때문에 언어 학자가 동원된 것이다. 루이스는 외계인들과 함께 그들의 언어를 연구하 며 규칙을 발견하고 지구인이 사용하는 개념과 일치하는 공통적인 내용 을 찾으려고 노력한다.

지구에는 약 6천여 개의 언어가 존재한다. 그중에는 중국어 등 10억 명 이상이 쓰는 언어도 있고 특정 종족 몇 명만이 사용하는 언어도 존재한다. 소수가 사용하는 언어는 사용자들이 이 세상을 떠나면 죽은 언어가 된다. 역사상 사멸해버린 언어도 많다. 예를 들어 유럽 국가들이 북미와 남미 대륙을 점령하면서 수많은 원주민이 멸절되고 그들이 사용하던 언어도 함께 사라졌다.

언어는 생각과 문화를 표현하는 수단이고 문화를 더욱 구체적으로 발전시키는 도구다. 또한 언어는 추상적인 개념을 구체적인 표현으로 형상화하는 역할을 한다. 지구상의 모든 언어에 이런 원칙이 적용된다.

언어학자는 이런 원칙을 알고 있는 사람들이고 누구보다 끈질긴 사람들이다. 역사상 가장 큰 공헌을 남긴 언어학자는 프랑스의 샹폴리옹(Jean-François Champollion, 1790~1832)이다. 프랑스의 이집트 원정대는 1799년 이집트 북부의 항구 도시인 로제타에서 가로 72cm, 세로 114cm, 두께 28cm인 현무암 재질의 소위 로제타 스톤(Rosetta Stone)을 발견한다. 로제타 스톤의 내용은 이집트 프롤레마이오스 왕조(그리스계 왕조)에서 쓰였던 상형문자(hieroglyph)와 민중문자(demotic), 고대 그리스 문자 3가지 언어로 표기됐다.

18세기 당시에도 고대 그리스 문자는 계속 연구해 해독할 수 있었지만, 고대 이집트 상형문자와 민중 문자는 잊힌 언어로 해독할 수 없었다. 세 언어가 같은 내용을 담고 있는 것이 거의 확실했기 때문에 그리스어 문자를 기준으로 단어를 하나씩 비교하면서 다른 언어를 해독하기 위해 최선을 다했다. 거의 20년간에 걸친 노력 끝에 드디어 1822년 샹폴리옹은 이집트 상형문자를 해독하는 데 성공한다. 한 언어학자의 노력 끝에 영원히 잊힐 위기에 처했던 이집트 상형문자를 밝혀냈고 찬란했던 이집트 문화를 이해할 수 있는 계기가 된 것이다.

지구인들은 시간의 굴레에 갇혀 있지만, 이 외계인들은 시간을 넘나드는 존재고 그러기에 그 먼 곳에서 지구까지 아무 문제 없이 찾아온 것이다. 그러나 세계 각국은 눈앞의 이익에만 도취되어 외계인을 각기 다른 방법으로 대처하고 그들이 얻은 정보도 공유하지 않는다. 어리석은 사람의 이기심은 변하지 않는다. 미국을 비롯한 여러 나라는 외계인들이 지구를 침략할 의도가 있다고 믿기 시작한다. 자신들이 힘이 약한 나라들을 침략했던 역사의 틀에서 헤어 나오지 못하고 있다.

Agent Halpern : We have to consider the idea that our visitors are prodding us to fight among ourselves until only one faction prevails.
Louise Banks : There's no evidence of that.
Agent Halpern : Sure there is. Just grab a history book. The British with India, the German with Rwanda.
Colonel Weber : And remember what happened to the Aborigines. A more advanced race nearly wiped 'em out.

할펜 CIA 요원 : 한 번 생각해 보세요. 이 외계인들은 지구상의 각 나라끼리 싸워 한 나라만 살아남게 부추기고 있을 수도 있어요.
루이스 : 그런 증거는 없어요.
할펜 요원 : 무슨 말씀이세요. 증거는 넘쳐요. 역사를 보세요. 영국이 인도를 침략할 때 서로 싸우게 했잖아요. 독일이 르완다 침공할 때도 마찬가지고.
웨버 대령 : 원주민들은 어떻게 되었는지 기억해봐요. 더 발달한 문명국가들이 다 쓸어버렸잖아요.

세계는 외계인들에 대한 공격 작전을 시작한다. 특히 중국이 가장 적극적이다. 과거와 미래를 마음대로 오갈 수 있는 외계인들은 루이스에게

중국의 총사령관 샹 장군(Shang)의 부인이 샹 장군에게 했던 말을 보여
주었다. 그러자 중국어를 할 줄 아는 루이스는 절체절명의 순간에 샹 장
군에게 전화해 그 말을 전한다. 자기 부인 말고는 아무도 그런 말을 하지
않았음을 알고 있는 장군은 공격을 멈춘다. 전 세계는 전쟁 대신 정보를
함께 나누고 협력하여 지구를 돕고자 했던 외계인의 의도를 파악한다.
중국어를 할 줄 아는 언어학자가 지구를 구한다. 외국어는 힘이 있다.

샹 장군의 부인이 했던 말은 다음과 같다.

In war, there are no winners. Only widows.

전쟁에는 승자가 없어요. 남편 잃은 미망인들만 있어요.

지구를 방문했던 외계인들이 지구인에게 주려고 했던 선물인 시간의
중요성을 깨달으며 루이스 박사는 말한다.

Louise Banks : [narrating] We're so bounded by time, by its
order. But now I am not so sure I believe in beginnings and
endings. There are days that define your story beyond your
life. Like the day they arrived.

루이스 : (혼잣말로) 우리는 시간과 그 시간이 정해놓은 질서에서 벗어날 수
없어요. 하지만 이제 시작과 끝을 아는지 잘 모르겠네요. 우리의 시간 제
약을 벗어나 우리 자신의 이야기를 정할 수 있는 날들이 있어요. 그들이
지구에 도착한 날이 그날이에요.

시간은 우리가 극복할 수 없는 한계다. 흐르는 시간 앞에서는 모두가
공평하게 무력함을 드러낼 뿐이다. 시간을 초월할 수 있는 존재는 절대
자밖에 없다.

사랑하는 여러분, 이 한 가지만은 잊지 마십시오. 주님께는 하루가 천년 같고, 천년이 하루 같습니다.(베드로 후서 3:8)

But, beloved, be not ignorant of this one thing, that one day is with the Lord as a thousand years, and a thousand years as one day.(2 Peter 3:8)

쉰들러 리스트
Schindler's List, 1993
한 생명을 구하면
전 우주를 구한 것이다

감독　스티븐 스필버그(Steven Spielberg)
출연　리암 니슨(Liam Neeson)
　　　랄프 파인즈(Ralph Fiennes)
　　　벤 킹슬리(Ben Kingsley)

힘을 가지고 있는 사람, 힘을 바르게 쓰는 사람

　〈쉰들러 리스트(Schindler's List)〉는 흥행을 보장하는 천재 감독이자 대중
성이 강하고 흥미 있는 히트 작품(E. T., 죠스, 인디아나 존스 등)을 만든 스티븐 스
필버그가 1993년에 감독한 영화다.

　제2차 세계 대전 중, 독일 나치 정권이 자행한 끔찍한 범죄인 유대인
학살(600만 명 추산)이라는 심각한 주제를 다룬 영화다. 스필버그 감독도 유
대인이기 때문에 영화 제작에 엄청난 부담을 느꼈으며, 다른 감독(예를 들
어, 후에 영화 〈피아니스트〉를 만든 로만 폴스키)에게 대신 만들어 달라고 부탁하기까
지 했다. 고민 끝에 결국 자신이 감독했고, 이 영화 후 스필버그 감독의

Amon Goeth : They cast a spell on you, you know, the Jews. When you work closely with them, like I do, you see this. They have this power. It's like a virus. Some of my men are infected with this virus. They should be pitied, not punished. They should receive treatment because this is as real as ty-phus. I see it all the time. It's a matter of money? Hmm?

애몬 : 유대인들은 너희들에게 마법을 건다고. 나처럼 그놈들하고 가까운 곳에서 지내다 보면 다 알게 돼. 걔네들은 힘이 있어. 바이러스 같다고. 우리 동포 중에도 이 바이러스에 감염된 사람들이 있어. 불쌍한 사람들이지 처벌 대상은 아니야. 치료받아야 할 대상이지. 이 병은 정말 몹쓸 전염병 같거든. 항상 어디에나 있어. 돈 때문에 그러나?

희망이 있으면 살 수 있다

오스카는 리스트를 작성하기 전에도 함께 일하는 유대인들을 음으로 양으로 돕는다. 애몬 괴트는 오스카를 비웃는다.

Amon Goeth : This is very cruel, Oskar. You're giving them hope. You shouldn't do that. That's cruel!

애몬 : 오스카 당신, 정말 잔인한 사람이네. 유대인들에게 희망을 주고 있잖아. 그러면 안 돼. 너무 잔인해.

어차피 죽을 목숨인 유대인들에게 선의를 베풀어 희망을 주는 일이 무슨 소용이냐는 비웃음이다. 그러나 희망은 위대하다. 희망이 있으면 어떤 상황에서도 살아남을 수 있다. 자신도 장애에 시달리면서도 수많은 사람에게 희망의 메시지를 전한 헬렌 켈러는 다음과 같이 말했다.

Nothing can be done without hope and confidence.
희망과 자신감이 없으면 아무것도 이루어질 수 없습니다.

그러니까 오스카 쉰들러가 한 일의 핵심은 극심한 어려움에 부딪친 유대인들에게 희망을 전하고 이끈 일이다. 그 일이 하나하나 쌓여서 1,200여 명 유대인의 목숨을 구하는 일까지 이르게 된 것이다.

오스카와 함께 밤을 새우며 쉰들러 리스트를 작성한 유대인 이작 스턴은 완성된 리스트를 손에 들고 다음과 같이 독백한다.

Itzhak Stern : This list··· is an absolute good. The list is life. All around its margins lies the gulf.
이작 : 이 리스트는 완벽해. 이 리스트가 생명이지. 이 리스트에 들어간 사람과 그렇지 않은 사람 사이에는 도저히 메꿀 수 없는 틈이 있어.

히틀러의 명령에 따라 유대인을 멸절하려는 계획을 세우고 실천하는 사람들이 있는가 하면, 자신의 모든 것을 헌신하여 다른 사람을 구하려는 사람도 있다. 어떻게 하든지 한 사람을 구하면 세상을 다 구하는 것과 진배없다.

이 영화에서 많은 사람을 울린 장면은 유대인 게토 학살 장면에 등장하는 붉은 코트를 입은 소녀다.(The Girl in the Red Coat) 인간의 잔혹함과 조

직의 횡포, 폭력에 희생되는 사람들을 기억하라는 의도로 스필버그가
이 가슴 아픈 장면을 일부러 넣은 것 같다. 이 장면을 보고 얼마나 울었
는지 모른다.

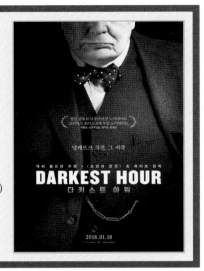

다키스트 아워
The Darkest Hour, 2017
지도자의 피와 땀과 눈물

감독   조 라이트(Joe Wright)
각본   안토니 맥카튼(Anthony McCarten)
출연   게리 올드만(Gary Oldman)
        릴리 제임스(Lily James)
        크리스틴 스콧 토마스(Kristin Scott
        Thomas)

피할 수 없는 전쟁이라면

　제2차 세계 대전(1939~1945) 당시 독일에 맞서 영국을 승리로 이끌었던 처칠 수상(1940~1945, 1951~1955 두 차례 수상 역임)이 주인공이다. 이 영화는 2018년 오스카 시상식에서 남우 주연상과 분장상을 받았다.

　1939년 9월 1일 독일의 폴란드 침공으로 시작된 제2차 세계 대전은 7천만 명 이상의 사망자와 5조 달러(6천조 원)의 피해를 준 역사상 최악의 전쟁이다. 독일이 폴란드를 침공하기 전까지 영국에서는 독일과 협상해서 전쟁을 피하자는 의견도 많았다. 당시 영국 총리였던 챔버린은 독일 히틀러의 전쟁 야망을 전혀 파악하지 못하고 1938년 9월 독일과 뮌헨

협정을 체결하는 등 전쟁을 준비하지 못했다. 그러다가 협정을 위반하고 폴란드를 기습 침공한 독일에 뒤통수를 맞고 부랴부랴 다음과 같은 성명을 발표한다.

This morning the British Ambassador in Berlin handed the German Government a final Note stating that unless we heard from them by 11 o'clock that they were prepared at once to withdraw their troops from Poland, a state of war would exist between us. I have to tell you now that no such undertaking has been received and that consequently, this country is at war with Germany.

베를린 주재 영국 대사는 독일 정부에 오늘 아침 11시까지 독일군이 폴란드에서 즉각 철군할 태세를 갖출 것이라는 통보를 받지 못하면, 양국이 전쟁에 돌입할 수밖에 없다는 최후통첩을 전달했습니다. 하지만 이 통첩에 대한 어떠한 반응도 없습니다. 따라서 우리나라가 독일과 전쟁에 돌입했음을 말씀드려야겠습니다.

이제 전쟁은 시작되었지만, 영국을 이끌 지도자는 눈에 보이지 않는다. 영화는 다음과 같은 안내와 함께 시작된다.

Hitler has invaded Czechoslovakia, Poland, Denmark, and Norway. 3 million German troops are now poised on the Belgian border, ready to conquer the rest of Europe. In Britain, Parliament has lost faith in its leader Neville Chamberlain. The search for a replacement has already begun.

히틀러는 체코슬로바키아와 폴란드, 덴마크, 노르웨이를 침공했다. 3백만 독일군은 이제 벨기에 국경에 진을 치고 있으며 유럽의 다른 국가도 점령할 태세를 갖추고 있다. 영국 의회는 챔버린 수상에 대한 신임을 포기하고 그를 대체할 수상을 찾는 노력을 이미 시작했다. 의회에서는 격론이 벌어진다. 당시 외무 장관인 할리팩스는 아직도 히틀러와 협상을 통해 전쟁을 피할 수 있으며 챔버린 수상이 계속 영국을 이끌어야 한다고 주장한다.

Viscount Halifax : The deadly danger here is this romantic fantasy of fighting to the end. What is "the end" if not the destruction of all things? There's nothing heroic in going down fighting if it can be avoided. Nothing even remotely patriotic in death or glory if the odds are firmly on the former. Nothing inglorious in trying to shorten a war we are clearly losing.

할리팩스 외상 : 끝까지 싸워야 한다는, 말로만 그럴듯한 상상은 우리를 모두 멸망시킬 수 있습니다. 우리의 모든 것이 파괴되어야 끝난다는 이야기인가요? 피할 수 있는 전쟁에 뛰어드는 일은 영웅적인 멋진 일이 아닙니다. 모두 사망하고 말 것이라는 사실이 더 확실하다면 전쟁에서 사망하는 일에 무슨 영광이 있단 말인지요. 우리가 패배할 것이 확실한 전쟁을 단축하려는 노력은 수치스러운 일이 아닙니다.

그럴듯하게 들리지만 이 말은 나치 독일에 항복하고 그 지배를 받자는 말이다. 지금은 독일보다 군사력이 약하다고 해도 한때 세계를 지배했던 영국인이 가질 태도는 아니다. 영국마저 독일에 항복하면 전 유럽이 나치 독일에 점령당하게 되기 때문이다.

"노병은 절대 죽지 않고 사라질 뿐이다.(Old soldiers never die, they just fade away)"라는 유명한 말을 남긴 20세기 가장 위대한 군인 중 한 명인 더글러스 맥아더(Douglas MacArthur) 장군은 미국 의회 퇴역 연설(1951년 4월 19일)에서 전쟁에 대해 다음과 같은 명언을 남긴다.

Kate Dibiasky : We have exactly six months, ten days, two hours, 11 minutes and 41 seconds, until a comet twice the size of Chicxulub tears through our atmosphere and extincts all life on Earth.★

케이트 : 이제부터 정확히 6개월 하고 10일 2시간 11분 41초 후에 칙술룹을 강타했던 혜성의 두 배 크기 혜성이 지구를 덮칠 거예요.

이 사실은 NASA(미 항공우주국)를 거쳐 대통령에게 보고된다. 그러나 문제는 미국 대통령[올리언(Orlean), 메릴 스트립(Meryl Streep)분]이 정말 무능하고 국민에게 관심이 없다는 사실이다. 올리언 대통령은 일류 사립대도 아닌 일개 주립대(Michigan State University)에서 이런 놀라운 발견을 할 리가 없다고 믿는다.

President Orlean : Let's get some other people on this. Some Ivy Leaguers.

올리언 대통령 : 다른 사람을 시켜서 조사해 보면 어떨까? 아이비리그 대학 출신으로 말이야.

혜성의 궤도에 대한 정확한 데이터를 듣고 난 후 반응도 기가 막힌다.

★ 지금부터 6천 6백만 년 전 멕시코 칙술룹(지명 : Chicxulub)을 덮친 지름 10킬로미터 혜성은 당시 1억 6천만 년 동안 지구에 존재했던 공룡을 모두 몰살시킨 것으로 과학자들은 믿고 있다.

President Orlean : Mmm-hmm. So how certain is this?

Dr. Randall Mindy : There's 100% certainty of impact.

President Orlean : Please, don't say 100%.

Old Aide #2 : Can we just call it a potentiality significant event?

President Orlean : Yeah.

Kate Dibiasky : But it isn't "potentially" going to happen. It "is" going to happen.

Dr. Randall Mindy : Exactly, 99.78% to be exact.

Jason Orlean : Oh, great. Okay, so it's not 100%.

Dr. Teddy Oglethorpe : Well, scientists never like to say 100%.

President Orlean : Call it 70% and let's just move on.

Kate Dibiasky : But it's not even close to 70%.

President Orlean : You cannot go around saying to people that there's 100% chance that they're going to die. You know? It's just nuts.

올리언 대통령 : 그렇군. 이 예측이 얼마나 확실한 거죠?

민디 박사 : 지구와 충돌할 가능성은 100%입니다.

올리언 대통령 : 100%라는 말은 하지 말아요.

대통령 보좌관 : 아주 심각한 결말을 맞을 가능성이 있다고 말하면 되나요?

올리언 대통령 : 그럴 수는 있겠네.

케이트 : 발생할 가능성이 있는 것이 아니고, 확실히 발생합니다.

민디 박사 : 정확히 말하면 발생 확률은 99.78%입니다.

재이슨(올리언의 비서실장) : 그러니까 정확히 100%는 아닌 거네.

올리언 대통령 : 그냥 70%쯤이라고 하고 넘어갑시다.

케이트 : 70%는 말도 되지 않죠.

올리언 대통령 : 국민에게 당신들이 죽을 확률이 100%라고 이야기할 수는 없잖아요. 이해하지요? 그럴 수는 없다고요.

아무 일도 하지 않고 기다리자고?

그리고 일단 상황을 살펴보며 기다려보자고 결정한다. 이에 케이트가 소리 지르고 올리언 미국 대통령의 아들이자 비서실장인 제이슨 올리언도 나서서 상황을 악화시킨다.

Kate Dibiasky : Am I to understand correctly that, after all the information you've received today, the decision you're making is to "sit tight and assess"?
Jason Orlean : I'm sorry, who is she?
Kate Dibiasky : Who the fxxk are you? Aren't you her son?
Jason Orlean : I'm the fxxxing Chief of Staff, Boy with the Dragon Tattoo. So I'm doing fine.

케이트 : 그러니까 오늘 이런 정보를 듣고도 대통령이 하는 결정이란 게 "상황을 살펴보면서 기다려 보자"고요? 제가 잘못 이해한 건 아니죠?
제이슨(비서실장) : 그런데 누구시더라?
케이트 : 당신은 도대체 누구요? 아 대통령 아들 맞나요?
제이슨 : 내 직책은 비서실장이고 커다란 용 문신도 있으니 난 괜찮아요.

결국, 여러 사람의 노력으로도 혜성의 지구 충돌은 피할 수 없다는 사실이 드러난다. 하지만 대통령은 아직 걱정하지 않는다. 핵폭탄을 탑재한 로켓을 발사해 지구로 날아오는 혜성에 충돌시켜 방향을 바꾸자는 그나마 가장 현실적인 대안도 마지막 순간에 취소된다. 이는 억만장자 사업가이며 올리언 대통령에게 가장 많은 정치 자금을 기부한 피터 이셔웰(Peter Isherwell) 회장의 다른 제안 때문이다.

이셔웰은 혜성 내부에 희토류(rare metal)가 엄청나게 묻혀 있고, 혜성이 지구에 근접했을 때 드론을 보내 혜성을 쪼개어 태평양에 내려놓으면 엄청난 돈을 벌 수 있다는 황당무계한 제안으로 대통령을 설득한다. 대통령과 정부는 두려움에 떨고 있는 국민에게 '걱정하지 말고 하늘도 쳐다볼 필요 없다(Don't look up).'는 캠페인까지 펼치면서 이 계획이 성공하면 많은 돈을 번다는 꿈에 부풀어 있다. 참다못한 민디 박사(Dr. Randall Mindy)는 방송에 나가 눈물로 호소한다.

Dr. Randall Mindy : Sometimes we need to just be able to say things to one another. We need to hear things! Look, let's establish, once again, that there is a huge comet headed towards Earth. And the reason we know that there is a comet is because we saw it. We saw it with our own eyes using a telescope. I mean, for God's sake, we took a fxxxing picture of it! What other proof do we need?

민디 박사 : 때로는 다른 사람에게 사실을 이야기해야 하고 다른 사람의 이야기를 들을 줄도 알아야죠. 다시 한번 사실만을 이야기합니다. 거대한 혜성이 지구를 향해 날아오고 있어요. 어떻게 아냐고요? 직접 보았거든요. 천체 망원경을 통해 우리 두 눈으로 보았다니까요. 사진도 있어요. 무슨 증거가 더 필요하다는 거죠?

And if we can't all agree at the bare minimum that a giant comet the size of Mount Everest, hurtling its way towards planet Earth is not a fxxxing good thing, then what the hell happened to us? I mean, my God, how do ⋯ How do we even talk to each other? What've we ⋯ What've we done to ourselves? How do we fix it?

에 있는 사람 중에서도 이해가 되지 않는 이유(담마진, 두드러기, 부동시 등)로 병역 의무를 다하지 않은 사람이 정말 많은 것을 보면서 예전에 한국 전쟁에 참전했던 사람에게 들은 이야기가 생각났다.

한국 전쟁 휴전을 앞두고 최전방에서 매일 치열한 전투가 벌어졌는데, 한국군들은 적의 공격에 전사하면서 "빽(background 속어)"이라고 했다는 이야기다. 빽 있는 사람들은 전투 현장이 아닌 후방으로 빠지고, 빽이 없는 군인만 이런 죽임을 당하기 때문이라는 이야기다. 농담으로 만든 얘기겠지만 병역 의무를 다하고 보니 왜 이런 이야기가 나오게 됐는지 진지하게 생각해 본 적이 있다.

함께 훈련받고 군대 생활한 동기들과 지금도 연락하고 만나는데 병역의 의무를 다하고 장교로 근무한 경험에 대해 후회한 이들을 본 적이 없다.

이 영화는 군대 조직에서 부하를 이끄는 소임을 수행해야 하는 장교가 갖추어야 할 성숙함과 희생정신, 지도력 등을 다루고 있다. 그래서 제목에 장교(officer)와 신사(gentleman)라는 말이 함께 들어갔다.

해군 부사관을 아버지로 둔 영화 주인공 마요[Mayo, 리차드 기어(Richard Gear) 분]는 어릴 적 아버지와 불화로 어머니가 자살해, 아버지와 함께 외국(아버지의 주둔지)을 떠돌며 자란다. 강인한 육체와 정신력은 갖추었으나 장교 임무를 수행할 인격과 도덕적인 덕목은 매우 부족하다.

장교의 덕목, 장교의 자격

장교가 별거냐고 생각할 수도 있지만, 실제 전투가 벌어지면 저격수 임무의 우선순위는 적의 장교 사살이다. 지도자가 없어지면 조직은 와해되거나 약해질 수밖에 없기 때문이다. 장교들은 부하들을 통솔하고 관리해야 하며 위급한 전투 상황이 생기면 부하를 이끌고 전투 상황에 뛰어들어야 한다. 때로는 부하들의 희생을 각오하고도 어려운 결단을 내려야 한다.

이는 지능이나 지성의 문제가 아니다. 다른 사람의 생명을 내가 책임져야 하고 일이 잘못되면 그 결과를 평생 끌어안고 가야 한다. 그러기에 군대 조직에서는 장교의 선발과 양성에 큰 힘을 기울인다.

이 영화의 배경은 해군 조종사(장교) 양성 훈련과 임관 과정이다. 훈련을 담당하게 될 해군 상사 폴리가 아직 입교 전인 민간인들에게 소리친다.

Foley : [Speaking to the newly-arrived recruits]… I know why most of you are here; we weren't born yesterday. Before you get to join United Airlines and sell them what we teach, you gotta give the Navy six years of your life! Lots of things can happen in six years, including another war. And if any of you are too peace-loving to dump napalm on an enemy village where there MIGHT be women and children, that's what I'm here to discover…! I expect to lose at least half of you before I'm finished. I will use every means necessary, fair and unfair, to trip you up - that is, to expose your weaknesses… both as a potential aviator, and as a human being. The prize at the other end is a flight education worth $1 million! But first, you gotta get past ME.

폴리 상사 : (이제 막 도착한 후보생들에게 소리친다.) 너희 중에 대부분은 여기에 왜 왔는지 내가 잘 알지. 너희들 정도는 속속들이 잘 알고 있거든. 조종사로 민간 항공사에 취직해 해군에서 배운 기술을 다 팔아먹기 전에 너희들은 해군에서 6년간 근무해야 해! 그동안 어떤 일이 생길지 누가 알겠어?

전쟁도 터질 수 있다고. 그리고 너희들 중에 평화를 너무 사랑해서 여자들과 아이들도 있는 마을에 네이팜탄(소이탄, 1,300도 초고온으로 광범위한 지역을 불태우고 파괴한다)을 투하하지 못한 놈들이 있다면 내가 찾아낼 거야. 훈련이 끝나기 전에 절반은 퇴교시킬 거고. 공정하건 아니건 모든 방법을 다 동원해서 너희들을 괴롭힐 거야. 조종사가 될 수 없는 약점과 인간적인 결함도 찾아낼 거고. 끝까지 버티면 100만 달러짜리 조종 교육을 받을 거야. 하지만 그 전에 먼저 나를 견뎌내야 해.

Foley : I don't believe what I'm seeing. Where have you been all your lives? at an orgy? Listening to Mick Jagge and bad-mouthing your country, I'll bet…! Better stop eyeballing me, boy; you're not worthy to look your superiors in the eye. Use your peripheral vision, or I'll rip your eyeballs out of their sockets and eat them for breakfast! Understand…? Every time I say "Understand" I want the whole group to say "Yes, Sir"! UNDERSTAND…?

폴리 : 도대체 얼마나 엉망인 놈들을 모아 놓은 거야. 도대체 평생을 얼마나 개판으로 문란하게 산 거야? 믹 재거(미국의 록 밴드, 롤링 스톤스의 리더 가수)나 듣고 나라 욕이나 하며 살았겠지. 눈알 돌리지 말라고. 내 눈을 똑바로 바라볼 자격도 없는 놈들. 옆으로 보란 말이야. 아니면 눈을 뽑아서 아침으로 먹어 버릴 테니. 이해했나? 내가 "이해했나?"라고 물을 때마다 "예, 잘 이해했습니다."라고 대답해. 알았어?

예전에 군대 다녀온 사람은 이해할 것이다. 많은 사람이 이보다 더 지나친 말과 대우를 받으며 훈련했다는 사실을.
자신들에 대한 대우가 너무 심하다는 후보생의 항의에 폴리 상사가 쏘아붙인다.

Foley : Necessary or not, I am authorized to call you a beaver sandwich - or anything else I see fit - until and unless the day comes when I have to salute you and call YOU "Sir". And that goes for the rest of you, as well! If anyone among you is so God-fearing as to be offended by what I say - and/or how I say it - then, in all likelihood, the Navy is not your fix. So I suggest you D.O.R. here and now, because you will hear a dozen times worse out in the fleet; I bullshit you not!

폴리 : 필요하건 아니건, 나는 너희들을 변태라고 부르든 아니면 더 심한 말로 부르든지 그건 내 마음이야. 물론 그것도 너희가 임관해서 내가 너희에게 경례하고 '장교님'이라고 부르기 전까지는. 너희 중에 누구도 내가 하는 말을 못 견디겠다면 해군에 있으면 안 돼. 그런 사람은 바로 자진 퇴교 (D.O.R., Drop on Request)하라고. 근무지에 가면 더 심한 말도 들을 테니. 거짓말이 아니라고.

특히 주인공인 잭 마요(Zack Mayo)를 계속 감시하면서 폴리 상사는 심한 말도 서슴지 않는다. 잭은 체력도 좋고 정신력도 강해 모든 훈련을 잘 견뎌낸다. 하지만 폴리 상사의 경험과 육감으로는 잭은 마음의 상처도 많고 인격에도 결함이 많아 책임을 다할 해군 장교감이 아니다.

Foley : [as Zack is about to ride the Dilbert Dunker] You ought to be good at this, Mayo; something you can do ALONE···. You never know when or how this program's gonna trip you up, huh, Mayonnaise? Could be a grade, or some flaw in your character that comes out under stress!

폴리 : (잭이 수중 비상 탈출 훈련 기구에 탑승하려고 한다.) 너 이거 잘해야 해. 혼자서

해낼 수 있는 일 말이야. 언제 어떻게 훈련에서 낙오할지 모르잖아. 성적 때문일 수도 있고, 아니면 네 인성에 문제가 많아서 스트레스를 받으면 어떻게 돌발 행동을 할지도 모르는 일이잖아!

마요는 해병 수병들과 불법 거래를 하다가 폴리 상사에게 적발된다. 마요가 장교의 덕목을 갖추지 못했다고 확신한 폴리 상사는 마요를 자진 퇴교시키기 위해 혹독한 훈련을 시킨다. 훈련을 시작하기 전에 소리친다.

Foley : Mayo, I want your D.O.R.
Mayo : No sir. You can kick me outta here, but I ain't quitting.
Foley : Get into your fatigues, Mayo. By the end of this week-end, you'll quit. Seen guys like you a hundred times; I'm tell-ing you, Mayo, I'm one of a kind; Gonna give you more than you can take; I'm gonna watch you crumble and watch you break!

폴리 : 마요, 알아서 퇴소해.
마요 : 아니요. 절대로 못 합니다. 쫓아낼 수는 있겠지만 절대로 그만두지 않을 겁니다.
폴리 : 전투복으로 갈아입어, 마요. 이번 주말이 되면 알아서 그만둘 테니. 너 같은 놈들 한두 명 본 게 아니야. 나에게 잘못 걸렸어 내가 견딜 수 없는 고통을 줄 거라고. 무너져 내리고 스스로 포기하게 할 거야.

그리고 주말 내내 가혹한 훈련을 시킨다.

Foley : You can forget it! You're out!
Mayo : Don't you do it! Don't! You… I got nowhere else to go!

I got nowhere else to g··· I got nothin' else.

폴리 : 이제 끝났어, 너는 아웃이야.

마요 : 제발 그러지 마세요. 여기 아니면 갈 데가 없다고요. 정말로 갈 데가 없다니까요.(울음)

강한 척 버티던 마요는 무너져 내려 울면서 강한 척을 포기하고 자신의 속마음을 내보인다. 이제 폴리 상사는 마요가 준비되었음을 느끼고 그를 장교로 만들기 위해 최선을 다한다. 그러나 훈련 과정에서 마요의 유일한 친구였던 친구 워리(Worley)가 고공 적응 훈련을 견디지 못하고, 또 조종사 적성도 없음을 깨닫고 자진 퇴교하자 마요는 폴리 상사에게 항의한다.

Mayo : You didn't kick him out, did you? Wait, sir! Didn't he tell you what he's been going through?

Foley : It doesn't matter what he's been going through; that's what bartenders are for. What DOES matter is that he freaked out for SOME reason at twenty-five thousand feet, and that can't happen. Period.

Worley : He's right, Zack. It doesn't matter.

Mayo : Just like that? It's all over? With less than two weeks to go, you're out?

Foley : It can still happen to you too, Mayonnaise.

마요 : 워리를 쫓아낸 것은 아니죠? 맞죠? 얼마나 고생해서 여기까지 왔는지 잘 알잖아요?

폴리 : 얼마나 고생했는지는 중요하지 않아. 지금 바텐더 훈련을 시키는 것도 아니고. 중요한 것은 7,600미터 상공에서 훈련 중에 정신이 나간 거잖아. 그런 사람은 조종사가 될 수 없어. 더 이상 고려할 여지가 없다고.

워리 : 상사 말이 맞아. 상관없다고.

마요 : 그냥 이렇게 나간다고? 이제 끝이라고? 2주일도 안 남았는데 퇴교
한다고?
폴리 : 너도 이렇게 될 수 있어, 마요.

힘들고 스트레스가 넘치는 전장 속에서 부하들을 이끄는 장교가 되기
위해서는 이 정도의 어려움은 이겨내야 한다는 메시지를 담고 있다. 장
교의 임무와 전쟁의 현실을 경험하고 싶은 사람에게 두 영화를 추천한
다. 〈밴드 오브 브라더스(Band of Brothers, 2001)〉와 〈더 리버래이터(The Liber-
ator, 2020)〉다.

훈련이 다 끝나고 임관한 해군 조정 장교 학교의 전통은 임관한 장교
들이 훈련을 담당했던 부사관에게 경례를 받는 일이다. 부사관들이 나
이도 더 많고 군대 경력도 훨씬 많지만 임관한 사람들은 장교이니 훈련
을 시켰던 사람이 장교에게 경례해야 한다.

Foley : Congratulations, Ensign Mayo.
Mayo : [returns the salute] I won't ever forget you, sergeant.
Foley : I know.
Mayo : I wouldn't have made this if it weren't for you.
Foley : [visibly touched] Get the hell out of here.

폴리 : (경례하며) 임관을 축하드립니다. 마요 소위님.
마요 : (답례하며) 정말 잊지 못할 거요.
폴리 : 압니다.
마요 : 상사가 없었더라면 해내지 못했을 거요.
폴리 : (감동을 받은 표정이다) 헛소리 그만하고 가시죠.

아직 쌀쌀한 3월 중순, 장교 훈련을 받기 위해 대전으로 가기 전에 이
영화를 봤다. 미국과 우리나라의 현실은 매우 다르지만, 영화에서 보았

던 인내와 책임감이 15주 훈련을 잘 마치는 데 큰 도움이 되었다. 지금도 군대에서 병역 의무를 다하는 젊은이들에게 군대에서 고생하는 일이 모두 시간 낭비는 아니라는 사실을 말해주고 싶다.

조 카커(Joe Cocker)와 제니퍼 원스(Jennifer Warnes)가 부른 이 영화의 주제가 〈Up where we belong〉도 크게 히트했다. 영화의 마지막에 전혀 예상하지 못한 아름다운 장면과 함께 이 노래가 나온다.

Up Where We Belong
우리가 속한 저 높은 곳으로

조 코커, 제니퍼 원스(Joe Cocker and Jennifer Warnes)

Who knows what tomorrow brings
In a world few hearts survive
All I know is the way I feel
When it's real, I keep it alive

따뜻한 마음을 찾아볼 수 없는 세상에서
내일 무슨 일이 생길지 누가 알 수 있나요
진짜로 느끼는 것만 진짜예요
진짜라고 생각될 땐 지키려고 해요

The road is long
There are mountains in our way
But we climb a step every day

갈 길이 멀어요
우리 앞엔 높은 산도 있어요
하지만 매일 한 발자국씩 오르는 거예요

Love lift us up where we belong
Where the eagles cry

On a mountain high
Love lift us up where we belong
Far from the world below
Up where the clear winds blow

사랑은 우리가 가야 할 곳으로 데려다 주어요
높은 산 위에 독수리들이 울부짖는 곳으로
사랑은 우리가 가야 할 곳으로 데려다 주어요
우리가 알고 있는 세상으로부터 멀리 떨어진
시원한 바람이 부는 곳으로

Some hang on to used to be
Live their lives looking behind
All we have is here and now
All our lives, out there to find

어떤 사람은 과거에 집착해요
뒤를 돌아보며 살아가요
우리가 가진 전부는 바로 지금 여기에 있어요
찾아야 할 우리의 모든 인생이 그곳에 있어요

The road is long
There are mountains in our way
But we climb a step every day

갈 길이 멀어요
우리 앞엔 산들도 놓여 있어요
하지만 매일 한 발자국씩 오르는 거예요

Love lift us up where we belong
Where the eagles cry
On a mountain high
Love lift us up where we belong
Far from the world we know

Where the clear winds blow

사랑은 우리가 가야 할 곳으로 데려다 주어요
높은 산 위에 독수리들이 울부짖는 곳으로
사랑은 우리가 가야 할 곳으로 데려다 주어요
우리가 알고 있는 세상으로부터 멀리 떨어진
시원한 바람이 부는 곳으로

Time goes by
No time to cry
Life's you and I
Alive today

세월은 흘러가요
울고 있을 시간이 없어요
인생은 당신과 제가 살고 있는 오늘이에요

영화로 보고
영어로 읽는 세상

딥 임팩트
Deep Impact, 1998
우리가 살아갈 지구,
우리가 구한 지구

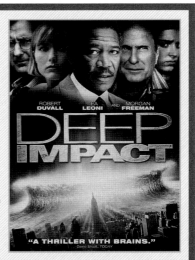

감독	미미 레더(Mimi Leder)
각본	브루스 조엘 러빈(Bruce Joel Rubin)
주연	로버트 듀발(Robert Duvall)
	티아 레오니(Téa Leoni)
	일라이저 우드(Elijah Wood)

하나뿐인 지구

〈딥 임팩트(Deep Impact, 1998)〉는 다가오는 혜성을 막아 지구를 구하려는 우주인들의 투쟁과 희생을 묘사한 영화다. 공교롭게도 같은 해에 비슷한 주제의 영화 〈아마겟돈(Armageddon, 세상의 종말에 일어날 최후의 전투라는 의미, 소행성의 지구 충돌을 막기 위한 우주인과 석유 시추 전문가들이 우주 비행사들과 함께 혜성으로 이동함)〉이 개봉되어 두 영화가 서로 경쟁했다. 흥행 면에서는 아마겟돈이 더 큰 성공을 거뒀지만, 영화의 완성도는 딥 임팩트가 더 앞선다는 중론이다. 오락성은 아마겟돈이 더 많지만, 현실감과 영화 전반에 흐르는 감동은 딥 임팩트가 더 크다고 할 수 있겠다.

두 영화 모두 과학적인 허점이 많지만 아마겟돈은 과학적 오류가 너무 많다. NASA(미국 항공우주국)에서는 최소한 168군데의 오류가 발견된 아마겟돈을 과학 오류 발견 훈련 프로그램에 사용한다고 한다.

영화 도입 부분에서 고등학생 레오 비더만(Leo Biederman)은 지도 교사와 동료, 학생들과 함께 별을 관찰하다가 비정상적인 움직임을 보이는 혜성을 발견한다. 문제는 그 혜성의 궤도가 지구와 정확하게 일치해 결국 충돌한다는 것이다. 충돌하면 지구상의 인류는 멸종된다.

미국 정부는 러시아 등과 손잡고 우주선으로 이 혜성까지 가서 핵폭탄을 설치해 파괴할 계획을 시도한다. 이 계획을 실천할 우주선의 이름이 메시아(Messiah, 구세주)다. 하지만 이 계획은 엄청난 돈은 들지만 성공 가능성은 희박하다. 이 계획을 눈치채고 추적하던 기자 제니 러너(Jenny lerner)는 전직 재무장관 앨런(Alan)을 찾아간다. 앨런은 메시아 계획이 실현 가능성이 없다고 주장하며 실행을 끝까지 반대하다 대통령에게 사표를 내고, 몸이 아픈 아내를 돌보기로 한다.

Alan Rittenhouse : I know you're just a reporter, but you used to be a person, right?
Jenny Lerner : We know everything.
Alan Rittenhouse : Nobody knows everything.

앨런 : 당신은 충실한 기자 역할을 하고 있지만 그래도 한때는 사람이었을 것 아니요?(아픈 아내를 돌보며 마지막을 준비하는 자신을 내버려 두라는 의미)
제니 : 우리는 모든 비밀을 알고 있어요.
앨런 : 모든 것을 알고 있는 사람은 없소.

노련한 행정가인 앨런은 자신의 속내를 드러내지 않는다. 그래도 제니는 진실을 파헤쳐서 독자들에게 알리겠다는 순수한 마음에서 상대방과

머리싸움을 벌이는 중이다. 하지만 안타깝게도 우리나라는 언론사 사주의 이익을 챙겨주거나 자신의 영달을 위해, 다른 사람을 괴롭히거나 해를 주는 함량 미달 기자들은 왜 그렇게 많은지. 그들을 부르는 특별한 용어도 있다. 하지만 여기에서는 쓰지 않겠다.

진실을 말해주세요

제니는 유능한 기자답게 이 사건을 파고 들어가는 중이다. 드디어 미국 대통령은 제니를 몰래 백악관으로 불러 설득한다.

President Beck : We always thought the deadline for public knowledge was the publication of next year's budget since we've spent more money than we can account for. That won't happen for two weeks. I don't suppose I could prevail upon you to wait two weeks in the name of national security?
Jenny Lerner : Two weeks? There's no such thing as two weeks in the news business.

벡 대통령 : 내년도 예산을 발표할 무렵에 이 소식(지구를 구할 우주선 발사 계획)을 발표할 예정이었소. 도저히 설명이 안 될 만큼 엄청난 예산을 요구했기 때문에 어차피 상세한 설명이 필요했소. 2주 정도 시간이 필요해요. 기자 양반은 기다리지 못할 거요. 중대한 국가 안보 문제이니 2주 정도 기다려 달라고 해도 응하지 않겠죠?
제니 : 2주요? 언론에서는 특종을 발견하고 누구도 2주일 동안 기다리지 않습니다.

대통령은 대국민 기자 회견을 계획한다

[President Beck & Jenny are discussing the upcoming news conference about the comet]

Jenny Lerner : I want exclusivity.

President Beck : Now listen, young lady. This is a presidential favor. I'm letting you go because I don't want another head-ache. And I'm trusting you because I know what this can do for your career. Now, it may seem like we have each other over the same barrel but it just seems that way.

Jenny Lerner : I want…

President Beck : You want?

Jenny Lerner : May I… May I have the first question?

President Beck : I'll see you Tuesday, Miss Lerner.

(대통령과 제니가 혜성 관련한 기자회견에 대해서 토론한다.)

제니 : 이 사건은 저만 독점으로 보도하게 해주세요.

벡 대통령 : 젊은 기자 양반, 내 말 잘 들어요. 이 정도면 대통령이 엄청난 특혜를 주는 거요. 잡아 놓을 수도 있지만 풀어주는 이유는 지금도 골치 아픈데 또 다른 문제를 만들고 싶지 않아서요. 당신을 믿는 이유는 이런 과정이 기자 양반 경력에 큰 도움이 될 것을 알고 있기 때문이요. 우리 모두 서로 걸린 문제가 많지만 어쩔 수 없는 일 아니겠소.

제니 : 원하는 것이 있어요.

벡 대통령 : 뭔가요?

제니 : 회견에서 첫 번째 질문은 제가 하게 해주세요.

벡 대통령 : 화요일에 봅시다. 기자 양반.

이 와중에 제니도 가정에서 위기를 겪는다. 아버지가 어머니를 버리고 제니보다 두 살 많은 젊은 여자와 결혼하겠다고 나선 것이다. 곧 새엄마가 될 여자 클로이(Chole)와 아버지 제이슨 러너(Jason Lerner)를 만난다. 세상은 멸망하기 일보 직전인데 한 치 앞도 모르는 사람들은 욕심에 빠져 자기가 원하는 일을 한다. 신약 성경에서 예수께서 한 준엄한 경고가 떠오른다.

홍수 전에 노아가 방주에 들어가던 날까지 사람들이 먹고 마시고 장가들고 시집가고 있으면서 홍수가 나서 저희를 다 멸하기까지 깨닫지 못하였으니 인자의 임함도 이와 같으리라.(마태복음 24:38-39)

For in the days before the flood, people were eating and drinking, marrying and giving in marriage, up to the day Noah entered the ark; and they knew nothing about what would happen until the flood came and took them all away. That is how it will be at the coming of the Son of Man.(Matthew 24:38-39)

Chloe : Jenny, I know that you hate me. I know that you have terrible things that you want to say to me. You have to get over it. Life goes on.

Jenny Lerner : Life goes on? Okay.

[Jenny laughs]

Jason Lerner : What's so funny?

Jenny Lerner : Life… We'll see.

Jason Lerner : What's so funny about "life goes on"? Life going on? I don't think it's funny life that goes on.

클로이 : 제니, 네가 나 미워하는 거 잘 알고 있어. 아주 심한 말도 하고 싶어 한다는 것도 알고 있고. 하지만 극복해야 해. 인생은 길잖아.

제니 : 인생이 길다고요. 참, 나.(웃는다)

제이슨 : 뭐가 그리 웃겨?

제니 : 인생이라… 한번 기다려보자고요.

제이슨 : 인생이 길다는 말이 뭐가 그리 웃겨? 내 생각에는 그렇게 웃을 일이 아닌데.

지구를 멸망시키려고 혜성이 날아오는 중인데 사람들은 아무것도 모른다. 제니는 쓴웃음을 지을 수밖에 없다. 우주인들은 혜성에 도착해서 핵폭탄을 설치하고 터뜨리지만, 혜성을 완전히 부수지는 못하고 혜성은 크고 작은 두 조각으로 나눠진다. 작은 조각은 지구에 큰 피해를 주겠지만 지구를 멸망시킬 정도는 아니다. 하지만 큰 조각은 여전히 지구의 모든 생명체를 멸절시킬 규모다.

지구에서는 멸망에 직면해 엄청난 혼란이 일어나고 미국은 최후 수단으로 미래 세대를 위해 100년 정도 들어가서 살 수 있는 지하 대피소를 구축한다. 이 대피소에는 젊고 능력 있는 '필수요원'들만 들어가며 50세 이상은 미국의 이익에 특별하게 부합되지 않는 한 제외된다. 물론 그 외 사람도 추첨을 통해 선발하지만 뽑힐 확률은 희박하다. 이 선발 과정도 엄청난 혼란을 초래한다.

이제 누가 지구를 구할 수 있을까?

임무를 완수하지 못하고 혜성이 지구를 향해 날아가는 것을 지켜보며 지구로 귀환하던 메시아(Messiah)호의 대장은 남은 대원들을 불러 모아 회의를 시작한다.

Spurgeon Tanner: [about the Wolf comet] Now the outgassing has created a vent a half mile wide and at least two miles deep. Comet gets closer to the sun; sun melts the ice, ice turns to steam. We get a big hole, okay? So, how many nukes do we have left in the back?

Mikhail Tulchinsky: Four.

Spurgeon Tanner: Okay. If we can get the remaining bombs in that vent, there shouldn't be anything left of that comet bigger than a suitcase. Now, we can't do anything about the little one, but you know⋯ it just might give them a chance. Now, without the arming codes, we're going to have to wait to set the bomb timers until we get closer to Earth, to raise Houston.

Mikhail Tulchinsky: We may not have enough life support left to get back into the cargo bay for the nukes. Much less to go down to the comet

Mark Simon: We sure as hell don't have enough propellent left in the Messiah to maneuver with. How are we supposed to get back off the surface once we've⋯ once we've gotten down there?

[Fish is silent, and everyone's expression changes knowingly]

Orin Monash: We don't.

Andrea Baker: [smiles briefly] Well, look on the bright side. We'll all have high schools named after us.

태너 대장 : 이제 큰 혜성 조각에도 가스가 분출되면서 800미터 폭과 300미터 깊이의 균열이 생겼어. 혜성이 태양에 가까이 갈수록 얼음이 녹아 수증기가 될 것이고 그러면 구멍이 더 커지겠지? 우리에게 남은 핵폭탄이 몇 개지?

미하일(러시아 우주 비행사) : 4개인데요.

태너 대장 : 남아 있는 폭탄을 그 균열에 집어넣을 수만 있다면 혜성은

산산조각이 날 거야. 작은 혜성은 어쩔 도리가 없지만 큰 놈이라도 부수면 지구인들에게는 희망이 생기는 일이 되겠지. 우리에게 폭탄 점화 코드가 없으니 기다렸다가 지구에 가까워지면 휴스턴에 연락해 알려달라고 할 수 있겠지.

미하일 : 화물칸에 가서 핵폭탄을 조작하는 데 필요한 우주복 등의 장치가 남아 있지 않은데요. 우리가 우주선을 나가 혜성에 가까이 가기도 불가능하고.

마크 : 그런 일을 하기 위해 우주선을 조종할 만큼 연료도 남아 있지 않은데요. 혜성까지 갔다가 폭탄을 떨구고 어떻게 돌아오죠?

(대장은 말이 없고 모든 사람은 사태를 깨달으면 서로 눈빛을 교환한다.)

오린 대원 : 당연히 못 돌아오지.

안드레아 요원(여성) : (옅은 미소를 보인다.) 글쎄, 긍정적으로 생각하자고. 우리 이름을 딴 고등학교들이 엄청나게 생길 거야.

이들은 위성 전화로 가족들에게 마지막 인사를 한다. 폭발 점화 작동이 시작된 핵폭탄을 실은 우주선은 지구를 구하기 위해 혜성으로 향한다.

영화 상황이기는 하지만 분명히 알 수 있는 것은 역사는 자신을 희생하는 사람들 덕분에 발전한다는 점이다. 현충원의 무명 용사의 묘를 볼 때마다 가슴이 아프다. 나라를 위해 싸우다가 희생됐는데 아무런 신원 기록도 찾지 못하고 '무명 용사'라는 이름 아래 안치된 군인들, 그들의 희생이 있었기에 자신의 이득을 위해 나라를 팔아먹은 수많은 매국노가 있음에도 나라가 이렇게 지탱되고 있는 것이다.

쇼생크 탈출
The Shawshank Redemption, 1994
희망은 좋은 거야!

감독	프랭크 다라본트(Frank Darabont)
각본	스티븐 킹(Stephen King, 원작 소설: Rita Hayworth and Shawshank Redemption) 프랭크 다라본트(Frank Darabont)
주연	팀 로빈스(Tim Robbins) 모건 프리먼(Morgan Freeman)

사람은 변해도, 진실은 변하지 않는다

〈쇼생크 탈출(The Shawshank Redemption, 1994)〉은 영화 발전에 끼친 공로를 인정받아 미국 국회 도서관의 국립 영화 보관소(National Film Registry)에 영구 보존되고 있을 정도로 높은 평을 받는 영화다.

주인공 앤디 듀프레인(Andy Dufresne, 팀 로빈스 분)은 은행가로서 승승장구하다가 아내와 그녀의 정부를 살해했다는 누명을 뒤집어쓰고 종신형을 선고받아 메인(Maine)주 주립 교도소 '쇼생크'에 간힌다.

그곳에서 앤디는 모건 프리먼(Morgan Freeman)이 열연한 레드(Red)라는 흑인과 친구가 된다. 앤디는 자신의 금융 실력을 이용하여, 공금을 횡령

한 교도소장이 자금을 세탁하여 합법적으로 저축할 수 있도록 돕는다.

Andy Dufresne : [referring to Andy using an alias to launder money for the warden] If they ever try to trace any of those accounts, they're gonna end up chasing a figment of my imagination.
Red : Well, I'll be damned. Did I say you were good? Shit, you're a Rembrandt!
Andy Dufresne : Yeah. The funny thing is - on the outside, I was an honest man, straight as an arrow. I had to come to prison to be a crook.

앤디 : (교도소장의 자금을 세탁하기 위해 가상 인물을 만들어 이용하고 있음을 설명한다.) 이 계좌를 추적해 봐도 내 상상력을 뛰어넘을 수는 없을걸.
레드 : 이런 세상에나. 내가 너 보고 좋은 놈이라고 했던가? 사기도 예술이네.
앤디 : 나도 인정해. 웃기는 이야기는 말이야. 밖에 있을 때 나는 정직한 사람이었거든. 정말로 흠이 없었어. 죄를 지어서 감방에 온 것이 아니라 여기에 와서 사기꾼이 됐어.

물론 죄를 지은 사람들을 감옥에 가두는 것이겠지만 감옥에 가둔다고 사람이 쉽게 변하지는 않는다. 하지만 사람에게서 희망을 앗아간다. 몇십 년간 감옥에 있다가 본인이 원하지 않았지만 가석방된 브룩스(Brooks)가 바깥세상에 적응하지 못하고 스스로 목숨을 끊는다. 그 이야기를 들은 감옥 동료들이 서로 이야기한다.

Red : These walls are funny. First you hate 'em, then you get used to 'em. Enough time passes, you get so you depend on them. That's institutionalized.

Heywood : Shit. I could never get like that.

Ernie : Oh yeah? Say that when you been here as long as Brooks has.

Red : Goddamn right. They send you here for life, and that's exactly what they take. The part that counts, anyway.

레드 : 이 담장들이 참 희한해. 처음에는 증오하지만 그다음에는 익숙해지잖아. 시간이 더 흐르면 담장에 의존하게 된다는 거야. 한마디로 감옥과 일심동체가 되는 거지.

헤이우드 : 도대체 무슨 말인지 모르겠네.

어니 : 그래? 브룩스처럼 여기 오래 있어 보라고.

레드 : 평생을 여기서 지내라고 처넣은 거잖아. 그렇게 하도록 만들어 놓았어. 다른 것들은 고려의 대상이 아니거든.

육신은 가두어도 마음은 가둘 수 없다

자유를 잃고 나서 자유의 의미조차 잃어버린 동료들이 앤디는 안타깝다. 감옥 내 도서관에서 기부받은 책과 음반을 정리하다가 모차르트의 오페라 〈피가로의 결혼(Le Nozze Di Figaro)〉을 발견한다. 그중 '편지의 이중창(Sull'aria)'을 교도소 스피커를 통해 죄수들에게 들려준다. 물론 규정 위반이다.

Red : [narrating] I have no idea to this day what those two Italian ladies were singing about. Truth is, I don't want to know. Some things are best left unsaid. I'd like to think they were singing about something so beautiful, it can't be expressed in words, and makes your heart ache because of it. I tell you, those voices soared higher and farther than anybody in a gray place dares to dream. It was like some beautiful bird flapped into our drab little cage and made those walls dissolve away, and for the briefest of moments, every last man in Shawshank felt free.

레드 : (혼잣말) 오늘까지도 나는 그때 두 명의 이탈리아 여성이 무슨 노래를 불렀는지 몰랐어. 사실 알고 싶지도 않았어. 말하지 않는 편이 더 좋은 경우도 많아. 내 생각에는 두 여자는 너무나 아름다운 것들에 대해 노래하고 있지만, 말로는 표현할 수 없고 그래서 가슴이 아픈 것이 아닌가 싶었어. 그 목소리는 우울한 회색 지대에 갇힌 우리 누구도 꿈꾸지 못한 높은 곳으로 퍼져 나갔어. 마치 아름다운 새 한 마리가 답답한 새장에 날아와 벽을 녹여 버리는 것 같았어. 그리고 아주 잠깐이었지만 쇼생크에 갇혀 있는 모두는 한 사람의 예외도 없이 해방되었어.

엔디는 이 사건으로 독방에 갇혀 있다가 풀려나와 레드와 이야기를 나눈다.

Andy Dufresne : That's the beauty of music. They can't get that from you…Haven't you ever felt that way about music?
Red : I played a mean harmonica as a younger man. Lost interest in it though. Didn't make much sense in here.
Andy Dufresne : Here's where it makes the most sense. You need it so you don't forget.
Red : Forget?
Andy Dufresne : Forget that… there are places in this world that aren't made out of stone. That there's something inside… that they can't get to, that they can't touch. That's yours.
Red : What're you talking about?
Andy Dufresne : Hope.

앤디 : 그게 음악의 아름다움이야. 누구도 빼앗아 갈 수 없어. 음악에 대해 그렇게 느껴 본 적이 없었어?

레드 : 어렸을 때 하모니카 불어본 적은 있어. 그러다가 싫증이 나서 그만 뒀지. 여기에서 하모니카가 다 무슨 소용이야.

앤디 : 이런 곳이니 더 필요하지, 잊지 않기 위해서라도.

레드 : 뭐를 잊지 않기 위해서?

앤디 : 이 세상에는 돌이 아닌 것으로 만들어진 것도 많다는 사실을. 그리고 우리 마음속에는 누구도 다가설 수 없는 무엇인가가 있어. 누구도 어쩔 수 없어. 온전히 네 것이야.

레드 : 무슨 말을 하는 거야?

앤디 : 희망 말이야.

앤디는 감옥에 도서관을 짓고 다른 죄수들을 교육하는 등 바쁘게 지내면서 20년간 복역한다. 그러다 새로 전입한 죄수로부터 앤디가 누명을 쓰고 갇힌 사건의 진범으로 추정되는 죄인에 대한 정보를 우연히 접한다. 앤디는 소장에게 진범을 찾게 도와달라고 하지만 소장은 도와줄 생각이 없다. 자신의 이득을 위해 앤디를 별다른 이유 없이 독방에 몇 달씩 가두며 탄압한다. 앤디는 탈옥해서 멕시코 해변에서 멋지게 살고 싶다고 레드에게 넌지시 암시한다. 하지만 레드는 그런 헛된 꿈이 가장 위험하다고 펄쩍 뛴다. 레드 또한 감옥과 일심동체가 돼버려 다른 환경에서 살 자신이 없다.

Red : You shouldn't be doing this to yourself, This is just a shitty pipe dream*. Mexico is way down there and you're in

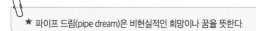

★ 파이프 드림(pipe dream)은 비현실적인 희망이나 꿈을 뜻한다.

here… and that's the way it is.

레드 : 그런 쓸데없는 생각을 하면 안 돼. 정말 말도 안 되는 망상이야. 멕시코는 저기 멀리 있고 너는 지금 감옥 안에 있잖아. 이젠 받아들이라고.

Red : [to Andy] Let me tell you something my friend. Hope is a dangerous thing. Hope can drive a man insane.

레드 : (엔디에게) 친구, 내 말 잘 들어. 희망은 위험해. 희망 때문에 사람이 미치기도 한다고.

희망은 버리지 말자

그러나 앤디는 탈옥하기 전 레드에게 희망의 씨앗을 뿌리려 노력한다.

Andy Dufresne : Red. If you ever get out of here, do me a favor.

Red : Sure, Andy. Anything.

Andy Dufresne : There's a big hayfield up near Buxton. You know where Buxton is?

Red : Well, there's… there's a lot of hayfields up there.

Andy Dufresne : One in particular. It's got a long rock wall with a big oak tree at the north end. It's like something out of a Robert Frost poem. It's where I asked my wife to marry me. We went there for a picnic and made love under that oak and I asked and she said yes. Promise me, Red. If you ever get out… find that spot. At the base of that wall, you'll find a rock that has no earthly business in a Maine hayfield. Piece of black, volcanic glass. There's something buried under it I want you to have.

Red : What, Andy? What's buried under there?

Andy Dufresne : [turns to walk away] You'll have to pry it up… to see.

앤디 : 레드, 네가 어떻게든 여기에서 나가면 내 부탁 하나만 들어줘.

레드 : 물론이지. 말만 해.

앤디 : 벅스톤 근처에 가면 넓은 풀밭이 있어. 벅스톤이 어딘지는 알지?

레드 : 알지. 거기 가면 풀밭도 많고.

앤디 : 눈에 띄는 풀밭이 하나 있을 거야. 돌담이 길게 있고 북쪽 끝에 가면 큰 나무도 하나 있지. 프로스트 시에 나옴직한 길이야. 내 아내에게 청혼한 곳이기도 하고, 피크닉 가서 사랑을 나누고 그 나무 아래에서 청혼했지. 아내는 그러겠다고 대답했어. 레드, 약속해줘. 여기서 나가면 그 장소를 찾아줘. 벽이 끝나는 지점에 가면 그 풀밭과 전혀 어울리지 않는 특이한 돌이 하나 있을 거야. 흑요색 화산암인데 그 돌 아래 뭔가가 있을 거야.

레드 : 뭐? 앤디? 거기 뭐가 있는데?

앤디 : (등을 돌려 걸어가며) 직접 꺼내서 봐야 해.

앤디는 레드가 바깥세상에 나가서도 놓치지 않을 작은 희망의 불씨를 붙여 놓았다. 앤디 듀프레인은 탈옥에 성공했다. 그 후 세월이 흘러 레드는 감옥에 들어온 지 40년 만에 가석방된다. 그리고 너무나 변해버린 바깥세상에 적응하지 못하고 괴로워한다. 그런 레드를 지탱하게 한 일은 앤디와의 약속이다. 영화에서 앤디의 희망 메시지는 계속된다.

Andy Dufresne : Remember Red, hope is a good thing, maybe the best of things, and no good thing ever dies.

앤디 : 레드, 희망은 정말 좋은 거야. 아마도 우리에게 가장 좋은 것일 수도 있어. 그리고 좋은 일은 절대로 사라지지 않아.

희망은 멋진 일이다. 《Bird by Bird(1994)》, 〈Plan B (2005)〉 등의 책을 써서 신앙과 문학에 관한 아름다운 글을 남긴 앤 래멋(Ann Lamott, 1954~)은 희망에 관해 다음과 같이 말한다.

Hope is a revolutionary patience.

희망은 혁명 같은 변화를 기다리는 인내다.

헤밍웨이 명작 《노인과 바다(Ernest Hemingway, The Old Man and the Sea, 1952)》에서도 84일이나 고기를 잡지 못한 가난한 어부가 다음과 같이 이야기한다.

It's silly not to hope. It's a sin.

희망을 버리다니 정말 어리석어. 죄를 짓는 일이라고.

그리고 85일째 누구도 잡지 못한 큰 물고기를 잡는다. 큰 물고기와 며칠을 싸우고 상어와 투쟁하며 집에 돌아와 사자 꿈을 꾸는, 가난하지만 희망을 버리지 않는 쿠바 노인 어부의 이야기다. 《노인과 바다》는 정말 멋진 작품이다. 영어로 꼭 읽어 보기를 권한다.

단테의 《신곡》 중 〈지옥〉 편 3곡 첫 번째 부분 가장 유명한 구절은 다음과 같다.

Abandon Hope All Ye Who Enter Here.(Lasciate ogni speranza, voi ch'entrate)

여기에 들어오는 자, 모든 희망을 버려라.

희망이 없는 곳, 그곳이 바로 지옥이다. 아무리 어려운 일이 있고 일이 생각대로 되지 않더라도 희망을 버리지 않으면 우리는 살 수 있다. 희망은 세상에서 가장 아름답고 강하다.

영화로 보고
영어로 읽는 세상

아바타
Avatar, 2009
금보다 귀한 사람

감독 제임스 카메론(James Cameron)
각본 제임스 카메론(James Cameron)
출연 샘 워딩턴(Sam Worthington)
조 샐다나(Joe Saldana)
시고니 위버(Sigourney Weaver)

금보다 귀한 자원을 찾아서

〈터미네이터(The Terminater, 1984)〉와 〈타이타닉(Titanic, 1997)〉등으로 유명한 영화감독 제임스 카메론(James Cameron) 감독의 SF 장르 영화이자 아바타 시리즈의 첫 번째 영화다. 2009년 12월 17일에 개봉했고, 세계적으로 흥행에 성공하여 최다 관객과 최다 수익 타이틀을 10년 가까이 보유한 작품이다. 3D 기술을 활용한 영화로 영화사에 한 획을 그은 작품이라는 평을 받았다.

지구인들은 금과는 비교도 안 될 만큼 엄청난 가치를 지닌 초전도 특성이 있는 희귀 금속(Unobtanium)을 채취하기 위해 판도라 행성을 정복하려고 한다. 그들은 지구와 다른 환경에서 효율적으로 활동하기 위해 인간의 뇌와 원격으로 연결하여 자유롭게 조정할 수 있는 아바타를 이용한다. 판도라 원주민과 똑같이 생긴 아바타는 생명 유지 장치가 없어도 판도라에서 자유롭게 활동할 수 있다.

판도라 원주민 나비족들은 희귀 금속이 가장 많이 묻혀 있는 자신들의 성지를 절대 포기하지 않고 끝까지 투쟁한다. 지구인을 대신하여 나비족에 침투했던 제이크 설리[Jake Sully, 샘워딩톤(Sam Worthington) 분]의 분신 아바타는 자신의 영토와 삶의 방식을 지키려는 나비족에게 감화되어 그들과 함께 투쟁하여 지구인들을 몰아낸다.

1492년 금과 향신료 등을 얻기 위해 인도를 향해 항해하던 콜럼버스는 10월 12일 미국 대륙 근처 바하마 제도에 속한 한 섬에 상륙했다. 그러나 콜럼버스는 자신이 인도에 도착했다고 믿었다. 항해 일지에 이렇게 적었다.(출처 : A People's History of the United States, 저자 : Howard Zinn, Page 2)

As soon as I arrived in the Indies, on the first Island I found, I took some of the natives by force in order that they might learn and might give me information of whatever there is in these parts.

내가 인도에 도착하자마자, 첫 번째 발견한 섬에서 원주민들을 생포했다. 이 지역에 무엇이 있는지를 찾아낼 수 있는 정보를 얻기 위해서다.

콜럼버스가 원하는 정보는 당연히 금의 위치다. 콜럼버스 이후에도 북미와 남미 대륙에 상륙한 유럽인들은 희귀한 금속인 금을 얻기 위해 원주민들을 학살하고 강제 노동에 동원해 거의 멸절시켰다. 금을 찾아 자신들의 부를 축적하는 것에만 관심이 있지 원주민의 안위에는 조금도 신경 쓰지 않는다. 영화 〈아바타〉를 보면서 미대륙 개척 백인과 원주민의 투쟁이 떠올랐다.

돈으로 되지 않는 일도 많다

지구의 대기업들은 희귀한 금속을 평화적으로 얻기 위해 일단은 아바타를 연구하는 뇌과학자 그레이스 박사 등을 파견해 나비족과 협상을 하도록 시도한다. 그들은 희귀 금속이 묻혀 있는 나비족의 성지에서 다른 곳으로 이주하면 엄청난 보상을 해준다는 조건을 제시한다. 그러나 모든 일을 돈으로 해결할 수는 없는 일, 세상에는 돈으로 살 수 없는 일이 더 많다.

Dr. Grace Augustine : [to Selfridge] Those trees were sacred to the Omaticaya in a way you can't imagine.
Selfridge : You know what? You throw a stick in the air around here it falls on some sacred fern, for Christ's sake!
Dr. Grace Augustine : I'm not talking about pagan voodoo here - I'm talking about something REAL and measurable in the biology of the forest.
Selfridge : Which is "what" exactly?
Dr. Grace Augustine : What we think we know - is that there's some kind of electrochemical communication between the roots of the trees. Like the synapses between neurons. Each tree has ten to the fourth connections to the trees around it, and there are ten to the twelfth trees on Pandora….
Selfridge : That's a lot, I'm guessing.

Dr. Grace Augustine : That's more connections than the human brain. You get it? It's a network - a global network. And the Na'vi can access it - they can upload and download data - memories - at sites like the one you just destroyed.

Selfridge : What the HELL have you people been smoking out there?

[beginning to laugh]

Selfridge : They're just. Goddamn. Trees.

Dr. Grace Augustine : You need to wake up, Parker. The wealth of this world isn't in the ground - it's all around us. The Na'vi know that, and they're fighting to defend it. If you wanna share this world with them, "you" need to understand "them".

그레이스 박사 : (자원 채취 책임자인 셀프리지에게) 그 나무들은 당신이 상상할 수 없을 만큼 오마티카야 부족이 엄청나게 신성시하는 대상이에요.

셀프리지 : 여기에서는 공중에 나무 하나만 던져도 신성한 나무에 떨어질 만큼 모든 것들이 신성하다고 믿는 뭔가가 있어요.

그레이스 박사 : 미신이 아니고 실제로 측정할 수 있는 숲의 생물학에 대해서 말하고 있는 거예요.

셀프리지 : 도대체 그게 정확히 뭐죠?

그레이스 박사 : 이제까지 파악한 바에 따르면 각 나무의 뿌리들은 전자화학적인 신호로 서로 소통해요. 우리 뇌의 뉴런을 시냅스가 연결하는 것과 같아요. 각 나무는 주위의 나무와 10^4만큼 연결되어 있고 이 별에 있는 나무의 수는 10^{12} 정도예요.

셀프리지 : 아주 많이 복잡하게 연결되어 있다는 말이겠지요.

그레이스 박사 : 이 정도면 사람의 뇌보다 연결이 더 복잡해요. 이해되나요? 네트워크라고요. 총체적인 네트워크죠. 나비족은 이 네트워크와 연결돼 있어요. 당신들이 지금 막 부숴버린 그 장소에서 데이터, 즉 기억을 올리고 내릴 수 있어요.

셀프리지 : (놀라서 잠시 말을 잇지 못한다.) 도대체 뭘 먹고 환각 상태라도 빠져서 그런 정신 없는 이야기를 하는 거요?(웃기 시작한다) 고작 망할 놈의 나무 따위 아니요.

그레이스 박사 : 제발 정신 좀 차리고 현실을 직면하세요. 이 별의 풍요로움은 땅에만 있는 것이 아니에요. 우리 주위 모든 곳에 있어요. 나비족은 이런 사실을 누구보다 잘 알고 있어요. 그리고 이를 지키기 위해 목숨을 걸고 투쟁할 거예요. 이 별을 그들과 함께 쓰고 싶다면 나비족을 이해해야 해요.

그러나 스스로 정복자라고 믿는 사람들은 상대방의 문화와 삶에 대한 배려와 이해가 없다. 백인들은 북미 대륙에서 원주민과 전쟁에서 승리한 후 원주민들의 출신지와 의사와는 전혀 상관없이 326개의 인디언 보호 구역(Indian Reservation)을 만들어 인디언들을 강제로 이전시켰다. 그리고 인디언들은 자율성과 존립 가치 등을 상실하고 소멸의 길을 걸었다. 이것이 백인들이 내심 원했던 결과일 수도 있다.

해병 수색대(Marine Recon) 출신 제이크 설리는 원주민들에게 정보를 빼내라는 임무를 부여받고 나비족들에게 접근한다. 제이크는 망설임 없이 임무에 돌입한다.

Jake Sully : I became a Marine for the hardship. Told myself that I can pass any test a man can pass. All I ever wanted was a single thing worth fighting for. There's no such thing as an ex-marine. You may be out, but you never lose the attitude.

제이크 : 어려움을 이기기 위해 해병이 되었죠. 사람이 통과한 시험이면 나도 통과할 수 있다고 자신에게 말했어요. 내가 원하는 일은 단 한 가지, 싸울 만한 가치가 있는 일이에요. 한때 해병이었다는 말은 없지요. 세상에는 두 종류의 사람밖에 없어요. 해병이든지 아니든지. 해병대에서 전역할 수는 있지만 이런 자세를 버리지는 못하죠.

나비족의 정신적인 지도자인 모아트는 자신들에게 접근하는 제이크에게 질문한다.

Mo'at : Why did you come to us?

Jake Sully : I came to learn.

Mo'at : We have tried to teach other Sky People, it is hard to fill a cup which is already full.

Jake Sully : My cup is empty, trust me. Just ask doctor Augustine, I'm no scientist.

Mo'at : What are you?

Jake Sully : I was a marine, a warrior of the uh, Jarhead clan.

모아트 : 왜 우리에게 오려고 하죠?

제이크 : 배우러 왔습니다.

모아트 : 다른 하늘에서 온 사람(Sky people, 나비족은 우주선을 타고 온 지구인들을 하늘의 사람이라고 부른다)들도 가르치려고 노력했어요. 그런데 이미 자기 생각이 들어차 있는 사람들을 가르치기는 어려워요.

제이크 : 저는 텅 비어 있는 사람입니다.(머리가 좋지 않다는 뜻) 믿으셔도 됩니다. 그레이스 박사에게 물어보세요. 저는 그들 같은 과학자가 아닙니다.

모아트 : 당신은 뭐 하는 사람인가요?

제이크 : 저는 해병입니다. 투사지요. 말하자면 머리 박박 민(Jarhead)(해병대 특유의 바짝 밀어 올려 깎은 머리 스타일을 의미) 종족이지요.

침략과 정복을 위한 정보를 얻기 위해 아바타가 되어 원주민들에게 합류했던 제이크는 원주민들이 겪고 있는 부당한 대우와 어려움을 보면서 그들과 한마음이 되어 지구인들과 함께 싸울 계획을 세운다.

끝까지 싸웁시다

이제 제이크 설리는 판도라 행성에 사는 원주민인 다른 종족들을 찾아다니며 함께 싸울 것을 설득한다.

Jake Sully : The Sky People have sent us a message⋯ that they can take whatever they want. That no one can stop them. Well, we will send them a message. You ride out as fast as the wind can carry you. You tell the other clans to come. Tell them Toruk Macto calls to them! You fly now, with me! My brothers! Sisters! And we will show the Sky People⋯ that they cannot take whatever they want! And that this⋯ this is our land!

제이크 : 하늘의 사람들(지구인)이 우리에게 말합니다. 그들이 원하는 것은 무엇이든지 가져가겠다고 합니다. 그들을 막을 사람은 없습니다. 우리는 그들에게 메시지를 보낼 것입니다. 당신들은 바람만큼 빨리 날 수 있습니다. 다른 종족에게도 합류하라고 하십시오. 토락 막토(최고 지도자)가 부른다고 하십시오. 나와 함께 비행합시다. 형제자매여 지구인들에게 보여줍시다. 그들이 원한다고 다 가져갈 수 있는 것은 아니라는 것을 말입니다. 이곳은⋯ 이곳은 우리의 땅입니다.

미국 개척 초기 원주민들도 가열차게 투쟁했다. 특히 시팅 불(Sitting Bull)이라는 수(Sioux)족 추장은 여러 부족을 규합하여 1876년에 조지 커스터(George Custer) 장군이 지휘하는 미 기병대에 압승을 거두었다. 커스터 장군은 이 전투에서 전사했다. 그는 미국과 원주민의 전투에서 혁혁

한 전과를 세운 미국 초창기 영웅으로 존경받는 인물이다.(1960년대 미국 TV 드라마로 원주민과의 전쟁이 영웅시되기도 했다) 하지만 그 후 미국 각지에서 각기 다른 문화와 언어 안에서 생활하던 미국 원주민들은 단결하지 못하고 미국에 굴복한다.

영화의 마지막 장면에 나비족이 판도라를 평정하고 지구인들을 우주선에 태워 추방하는 장면이 나온다. 역사를 되돌릴 수는 없지만, 카메론 감독은 이렇게라도 미국 원주민들에게 미안했던 마음을 표현하고자 함은 아니었는지 생각해 본다.

지구인들이 엄청난 가치의 희귀한 광물을 포기할 수 있을까? 아니다. 더 강력한 군사력으로 귀중한 자원을 착취하고 판도라 행성을 정복하기 위해 반드시 돌아올 것이다. 아바타 시리즈는 2, 3, 4, 5편 계속된다.

마진 콜
Margin Call, 2011
모든 것을 삼키고 태우는
인간의 욕심

감독	제이 씨 챈더(J.C. Chandor)
각본	제이 씨 챈더(J.C. Chandor)
주연	재커리 퀸토(Zachary Quinto)
	스탠리 투치(Stanley Tucci)
	케빈 스페이시(Kevin Spacey)
	제러미 아이언스(Jeremy Irons)

남보다 먼저 알아차리기

2007년에 시작된 미국의 부실 주택담보채권 위기(Subprime Mortgage Crisis)의 절정은 2008년 9월 15일, 총자산 규모 700조 원에 이르는 미국의 대표 투자사 리만 브라더스(Lehman Brothers)의 부도 사태다. 이날 전 세계 주식과 부동산은 대폭락했으며 미국 경제는 엄청난 타격을 받아 이 위기를 극복하는 데 오랜 시간이 걸렸다. 사실 아직도 그 충격에서 완벽하게 회복되었다고 보기 어렵다.

미국에서는 대부분 집을 구매할 때 집을 담보로 은행 등에서 30~40년 장기 대출, 모기지(mortgage)를 이용한다. 2천년대 들어 집값이 계속 오르고 투기 가수요까지 가세하자 은행 등은 신용 등급이 낮은 사람들에게 변동 금리로 비우대 주택 대출을 시행한다. 리만 브라더스 같은 투자사들은 은행의 대출 상품을 근거로 파생 투자 채권을 만들어 막대한 이득을 챙긴다. 그러다가 집값의 거품이 터지고 대출을 갚지 못하는 사태가 터지자 이 위기는 연속해서 투자사까지 밀어닥친다.

영화 〈마진 콜(Margin Call)〉에서 한 투자사의 직원(피터 설리번, Peter Sullivan)이 자신들의 주력 파생 상품인 MBS(모기지 기반 채권, mortgage-backed securities)가 가치를 잃었으며 하루 이틀 사이에 휴지조각처럼 될 수 있음을 발견한다. 목요일 밤에 존 터드 회장을 비롯한 고위 인사가 모여 대책 회의를 연다. 그리고 문제가 예상외로 너무나 심각함을 깨닫는다.

John Tuld : So, what you're telling me, is that the music is about to stop, and we're going to be left holding the biggest bag of odorous excrement ever assembled in the history of capitalism.

Peter Sullivan : Sir, I not sure that I would put it that way, but let me clarify using your analogy. What this model shows is the music, so to speak, just slowing. If the music were to stop, as you put it, then this model wouldn't even be close to that scenario. It would be considerably worse.

John Tuld : Let me tell you something, Mr. Sullivan. Do you care to know why I'm in this chair with you all? I mean, why I earn the big bucks.

Peter Sullivan : Yes.

John Tuld : I'm here for one reason and one reason alone. I'm here to guess what the music might do a week, a month, a year from now. That's it. Nothing more. And standing here to-night, I'm afraid that I don't hear - a - thing. Just… silence.

존 : 그러니까 자네 말은 음악이 이제 멈추려 하고, 우리는 자본주의 역사상 가장 더럽고 냄새나는 분뇨 덩어리를 껴안고 있다는 이야기네.

피터 : 회장님, 저라면 그런 식으로 표현할 것 같지는 않습니다만 회장님의 비유를 사용해서 정리해 보겠습니다. 제가 작성한 모델에 따르면 음악의 재생 속도는 점점 느려지고 있습니다. 회장님이 말씀하신 대로 음악이 멈춰버린다면 그 결과는 훨씬 더 심각할 것입니다.

존 : 자네에게 한 가지 이야기를 해주겠네. 내가 왜 회장직에 있는지 궁금하지 않나? 어떻게 이렇게 많은 돈을 벌고 있는지도.

피터 : 네 회장님.

존 : 내가 이 자리에 있는 이유는 단 한 가지뿐일세, 단 한 가지라고. 내가 하는 일은 음악(경제)이 다음 주와 다음 달, 내년에는 어떻게 될지 추측하는 일일세. 그런데 오늘 밤에는 여기에 서 있기는 하지만 아무런 음악 소리가 들리지 않네. 그냥 침묵뿐.

Be first, be Smart or Cheat!

제일 먼저, 머리를 써, 그것이 안 되면 속여!

그리고 자신들이 보유한 막대한 금액의 MBS를 날이 밝아 주식 시장이 열리면 바로 모두 팔아치우기로 결정한다. 하지만 이는 오랫동안 거래하던 다른 투자사와 고객들에게 아무런 경고도 하지 않고 아무 가치가 없는 채권을 떠넘겨, 자신들은 손실 없이 살아남는 비윤리적 행위다. 이에 회장 존(John Tuld)과 아직 조금은 양심이 작동하는 영업 총책임자 샘(Sam Rogers)이 충돌한다.

Sam Rogers : The real question is : who are we selling this to?

John Tuld : The same people we've been selling it to for the last two years, and whoelse ever would buy it.

Sam Rogers : But John, if you do this, you will kill the market for years. It's over.[John nods grimly]

And you're selling something that you "know" has no value.

John Tuld : We are selling to willing buyers at the current fair market price. So that we may survive.

Sam Rogers : You would never sell anything to any of those people ever again.

John Tuld : I understand.

Sam Rogers : Do you?

John Tuld : Do "you"?

John Tuld : [pounding on the desk] This is it! I'm telling you this is it!

샘 : 진짜 중요한 이야기는, 누구에게 이 쓰레기를 판다는 말이죠?

존 : 우리가 지난 2년간 이 채권을 팔아왔던 사람들과 또 사겠다는 모든 사람에게.

샘 : 하지만 이런 짓은 몇 년간 시장을 죽이는 일이 됩니다. 바로 끝장난다 니까요.(존은 굳은 표정으로 고개를 끄덕인다.) 그리고 아무런 가치가 없음을 알고 도 파는 격이지요.

존 : 사겠다는 사람에게 판다니까. 시장이 결정하는 가격으로. 그래야 우 리가 살아남거든.

샘 : 이 사람들에게는 다시는 아무것도 팔지 못하게 된다니까요.

존 : 안다니까.

샘 : 정말로요?

존 : 당신은 이 사태를 이해하고 있기는 한 거야?

존 : (책상을 치며) 더 이상 방법이 없다니까. 정말로.

샘은 마지막으로 설득을 시도한다.

Sam Rogers : You are panicking.
John Tuld : If you're first out the door, that's not called panicking.

샘 : 회장님도 겁먹고 비이성적인 행동을 하고 있다니까요.
존 : 위기 상황에서 다른 사람보다 먼저 빠져나가면 그건 비이성적인 일이 아니야.

회장이 가지고 있는 자본 시장 생존 전략은 다음과 같다.

John Tuld : There are three ways to make a living in this business : be first, be smarter, or cheat.

존 : 이 바닥에서 살아남고 돈을 벌려면 세 가지 방법이 있어. 가장 먼저 하든가, 남들보다 똑똑하든가, 아니면 속이든가.

자본주의의 속성이 이 말에 다 표현된 것은 아닌지 소름이 끼친다. 또 이들은 자신들이 하고자 하는 일을 정당화하기 위해 궤변도 서슴지 않는다.

Jared Cohen : Sometimes in an acute situation such as this, often, what is right can take on multiple interpretations.

코헨 이사 : 이렇게 긴박한 상황에서는 정당한 일이라는 것도 여러 해석이 가능한 법이야.

돈을 버리고 양심을 따를 수 있을까?

과연 샘은 양심에 어긋나는 일을 할까? 샘은 금요일 일찍 자신을 신뢰하고 따르는 모든 영업 직원을 소집하여 다음과 같은 연설을 한다.

Sam Rogers : Thank you all for coming in a little early this morning. I've been here all night… meeting with the Executive Committee. And the decision has been made to unwind a considerable position of the firm's holdings in several key asset classes. The crux of it is… in the firms thinking, the party's over as of this morning. There's gonna be considerable turmoil in the Markets for the foreseeable future. And "they" believe it is better that this turmoil begin with us. As a result, the firm has decided to liquidate its majority position of fixed income MBS… today. These are your packets, you will see what accounts you're responsible for, today. I'm sure it hasn't taken you long to understand the implications of this sale, on your relationships with your counter parties and as a result… on your careers. I have expressed this reality to the Executive Committee, and they understand. As a result, if you achieve a 93% sale of your assets, you will receive a 1.4 million dollar one-off bonus. If the floor as a whole achieves a 93% sale, you will get an additional 1.3 million dollars apiece.

샘 : 평소보다 일찍 와줘서 고마워요. 나는 회사에서 밤을 새웠어요. 우리는 회사가 가지고 있는 핵심 자산 중 상당 부분을 처분하기로 결정했어요. 직설적으로 말하자면 오늘 아침을 기해 좋은 시절은 다 끝났고 곧 큰 위기가 닥칠 예정이라는 것이지요. 회사는 기왕 발생할 위기라면 우리가 시작

하자는 결정을 내렸죠. 그래서 우리가 보유한 MBS 중 거의 대부분을 오늘 팔아치우려고 해요. 이렇게 팔아치우고 나면 이제까지 거래하던 사람들과 관계는 엉망이 되는 것이 확실해지겠죠. 이런 우려를 경영진에 전달했고 그들도 이해했어요. 그래서 여러분 각자에게 배당된 물량 중 93% 이상을 팔아치우면 1인당 140만 달러(약 16억 원)를 보너스로 지급할 거예요. 그리고 여러분 모두가 함께 총 판매 목표량의 93% 이상을 팔아치우면 또 개인당 130만 달러(약 15억 원)를 받게 될 것이오.

Sam Rogers : For those of you who've never been through this before, this is what the beginning of a fire sale looks like. I cannot begin to tell you how important the first hour and half is gonna be. I want you to hit every bite you can find : dealers, brokers, clients, your "mother" if she's buying. And… no swaps, it's outgoing only, today. Obviously this is not going down the way that any of us would have hoped, but… the ground is shifting below our feet, and apparently, there's no other way out.

샘 : 이런 일을 겪지 않은 사람들에게 한마디 하자면 이렇게 파는 일은 재고 떨이라고 보면 돼요. 거래 시작 처음 1시간 30분이 가장 중요해요. 가능한 모든 사람에게 거래를 제안해야 해요. 거래처 영업 직원과 금융 회사 중개사, 고객들, 사실 용의가 있다면 어머니에게도 연락해요.(어머니 부분은 물론 농담이다.) 오늘은 사고파는 거래는 안 돼요. 팔기만 하는 거예요. 우리가 바라던 대로는 일이 풀리지는 않고 있어요. 그렇지만 땅은 우리 발밑에서 이미 흔들리고 있고 다른 방도가 없어요.

과연 영업 직원들은 개인당 30억 정도의 돈을 벌기 위해 양심을 버리고 아무 가치도 없는 금융 상품을 자신들과 오랫동안 거래하던 사람들에게 넘길 수 있을까? 영화를 보면서 해답을 찾기 바란다.

돈을 버는 일과 돈을 쓰는 일, 돈이 주는 효용 가치를 생각하게 하는 명작이다. 2천 년 전 기록된 성경에 돈과 사람의 욕심에 대한 경고가 있다.

그러나 부자가 되기를 원하는 사람은, 유혹과 올무와 여러 가지 어리석고도 해로운 욕심에 떨어집니다. 이런 것은 사람을 파멸과 멸망에 빠뜨립니다. 돈을 사랑하는 것이 모든 악의 뿌리입니다. 돈을 좇다가 믿음에서 떠나 헤매기도 하고, 많은 고통을 겪기도 한 사람이 더러 있습니다.(디모데 전서 6:9-10)

People who want to get rich fall into temptation and a trap and into many foolish and harmful desires that plunge men into ruin and destruction. For the love of money is a root of all kinds of evil. Some people, eager for money, have wandered from the faith and pierced themselves with many griefs.
(Timothy 6:9-10)

이런 경제 위기에 모두 고생했으니 이런 일은 이제 없을까? 아니, 곧 또 올 것이라고 확신한다. 안타깝게도 인간의 욕망과 어리석음을 조절할 수 있는 제도도, 법도, 원칙도 없다.

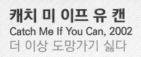

캐치 미 이프 유 캔
Catch Me If You Can, 2002
더 이상 도망가기 싫다

감독   스티븐 스필버그(Steven Spielberg)
각본   제프 네이선슨(Jeff Nathanson)
출연   레오나르도 디카프리오(Leonardo
       DiCaprio)
       톰 행크스(Tom Hanks)

머리도 좋고 능력도 많은데

　흥행 보증 수표인 스티븐 스필버그 감독이 프랭크 아브그네일(Frank Abagnale)의 실화를 바탕으로 2002년에 만든 영화다. 프랭크는 총명하고 상황 판단이 빠르며 뛰어난 손재주까지 타고난 수재지만, 16세 되던 해에 부모님의 이혼으로 큰 충격을 받고 집을 나와 타고난 재능과 재주를 무기로 사기 행각을 벌인다. 21세가 되기까지 은행 수표 위조로 수백만 달러를 벌었고, 비행기 조종사와 의사, 변호사 역할을 아무런 어려움 없이 수행하며 자유롭게 살았다.

　프랭크의 아버지는 제2차 세계 대전에 참전하여 프랑스에서 프랭크의 엄마인 아름다운 프랑스 여인 폴라를 만나 결혼했다. 전쟁 후 미국에서 프랭크의 아버지는 사업에 실패해 경제적으로 쪼들렸고, 부유하고 화려한 생활을 꿈꾸던 엄마는 부자들과 교제하기 시작하며 부부 사이는 갈라진다. 이 와중에 프랭크가 큰 충격을 받는다. 프랭크는 끝까지 아버지를 존경했으며 종종 연락했지만, 엄마와는 인연을 끊고 원망하며 산다.

프랭크는 가끔 아버지를 찾아와 함께 식사도 하고 옛날이야기도 한다. 아버지는 파산한 자신을 두고 떠난 프랭크의 어머니를 원망하지만 처음 만난 순간은 두고두고 이야기한다.

Frank Abagnale, Jr.: Have you told Ma?

Frank Abagnale Sr.: She's so stubborn, your mother. Don't worry, I won't let her go without a fight. I've been fighting for her since the day we met.

Frank Abagnale, Jr.: Dad, out of all those men - you were the one who took her home, remember that.

Frank Abagnale Sr.: Two-hundred men sitting in that tiny social hall watching her dance. What was the name of that town?

Frank Abagnale, Jr.: Montrichard, Dad.

Frank Abagnale Sr.: I didn't speak a word of French, six weeks later she was my wife.

프랭크: 엄마랑 이야기해 보셨어요?

프랭크 아버지: 너희 엄마 고집은 알아줘. 걱정하지 마라, 그래도 엄마를 다른 놈들에게 뺏기지 않으려고 싸울 테니. 처음 너희 엄마를 만난 이후로 네 엄마를 지키기 위해 싸웠잖아.

프랭크: 아버지, 수많은 남자 중에서 엄마와 결혼한 사람은 아버지예요. 잊지 마세요.

프랭크 아버지 : 200명이나 되는 놈들이 네 엄마가 춤추는 광경을 지켜보았지. 그 마을 이름이 뭐라고?

프랭크 : 몽트리샤예요.

프랭크 아버지 : 내가 프랑스 말 한마디 못 하지만 6주 후에 네 엄마를 아내로 만들었잖아.

프랭크를 끝까지 추격하여 끝내 체포한 사람은 FBI 요원 칼 핸라티(Carl Hanratty)다. 그도 부인과 이혼하여 어린 딸은 부인이 기르고, 일 년에 한두 번 딸을 만나는 낙으로 사는 외로운 사람이다. 칼은 FBI에서 가장 주목받지 못한 부서 중 하나인 수표 위조 부서에서 일한다. 크게 인정받는 인물은 아니지만, 누구보다 성실하게 법의 집행과 정의 구현을 위해 애쓰며 살고 있다.

누군가 항상 네 뒤에 있다

칼이 프랭크의 행방을 수소문하다가 정보를 얻기 위해 프랭크의 아버지를 찾아온다.

Frank Abagnale Sr. : Frank made a fake I.D. and enlisted in the Marine Corps. He's over in Vietnam right now. That kid is halfway around the world, crawling through the damn jungle, fighting the Communists so… please, don't come to my home and call my boy a criminal, because that kid has more guts…

Carl Hanratty : I never said he was a criminal, Mr. Abagnale. I said he was in trouble. If you'd like to give me a call and talk, here's my number.

[Carl grabs a pen from a table filled with letters and writes down his information. As he peers down, he sees a letter from Frank giving his location as Riverbend Apartments, Atlanta, Georgia]

프랭크 아버지 : 프랭크는 가짜 신분증을 만들어서 해병에 입대했소. 지금 베트남에 가 있소. 정글을 박박 기면서 공산당과 싸우고 있소. 그러니 내 집에 와서 우리 아들이 범죄자라고 말하지 마시오. 우리 아들은 그 누구보다도 멋진 놈이오.

칼 : 아드님이 범죄자라고 말은 한 적이 없습니다. 다만 위험에 처해 있다고 했지요. 혹시 저에게 전화해서 하실 말씀이 있다면 여기 전화번호를 적어드리겠습니다.(전화번호를 적다가 아래를 보니 프랭크가 조지아주 애틀랜타에서 보낸 편지가 보인다.)

프랭크는 조지아주 애틀랜타에서 수표를 위조해서 번 돈으로 매일 파티하며 흥청망청 살고 있다. 프랭크의 아버지도 아주 정직하게 산 사람은 아니었지만 주위 사람들을 자기편으로 만드는 재주가 능한 편이었다. 프랭크가 다른 사람의 마음을 뺏는 요령은 아버지에게서 배운 것이 꽤 많다. 프랭크 아버지는 일이 힘들다고 해도 쉽사리 포기하지 않는 사람이었다. 그가 어떤 자세로 인생에 임했는지는 다음 연설에서 잘 알 수 있다.

Frank Abagnale Sr. : Two little mice fell in a bucket of cream. The first mouse quickly gave up and drowned. The second mouse, wouldn't quit. He struggled so hard that eventually he churned that cream into butter and crawled out. Gentlemen, as of this moment, I am that second mouse.

프랭크 아버지 : 생쥐 두 마리가 우유 크림이 가득 찬 통에 빠졌습니다. 첫 번째 쥐는 포기하고 빠져 죽었지요. 두 번째 쥐는 포기하지 않았어요.

계속 몸부림을 치면서 크림을 휘저어서 크림은 버터로 변했고 생쥐는 버터를 밟고 나와서 살 수 있었습니다. 여러분, 제가 바로 두 번째 생쥐입니다.

사기꾼으로 살아가던 프랭크는 가짜 의사로 일하던 조지아 병원에서 만난 브렌다에게 반해 청혼한다. 브렌다의 아버지가 루이지애나주 검찰 총장이었기에 이번엔 법학 대학원까지 나온 것으로 서류를 위조하고 브랜다의 부모에게 결혼을 허락해 달라고 부탁한다. 그리고 8주 정도 공부하고 루이지애나주 변호사 시험에 합격한다. 4년제 대학을 졸업하고 3년제 법학 대학원을 졸업해도 어려운 변호사 시험에 고등학교 중퇴 프랭크가 합격한 것이다. 프랭크의 인생 중에서 유일하게 정직하게 따낸 업적이다.

이렇게 머리 좋은 프랭크가 정상적인 가정에서 제대로 공부했다면 역사를 바꾸는 업적을 남겼을 수도 있겠다.

프랭크는 브렌다와 결혼식을 앞두고 있는데 FBI 요원 칼(Carl)이 포위망을 좁혀온다. 프랭크는 브렌다에게 고백한다.

Frank Abagnale, Jr. : Brenda, I don't want to lie to you anymore. All right? I'm not a doctor. I never went to medical school. I'm not a lawyer, or a Harvard graduate, or a Lutheran. Brenda, I ran away from home a year and a half ago when I was 16.
Brenda Strong : Frank? Frank? You're not a Lutheran?

프랭크 : 브렌다, 더는 너에게 거짓말하고 싶지 않아. 나는 의사가 아니야. 의대는 가본 적도 없어. 나는 변호사도 아니고 하버드 졸업생도 아니야. 루터교 신자는 더욱 아니고. 일 년 반 전 열여섯 살 때 집에서 도망쳤어.
브렌다 : 프랭크, 프랭크, 당신이 루터교 신자가 아니라고요?

브렌다는 부모가 루터교 신자와 결혼을 원했기 때문에 모든 조건이 훌륭한 루터교 신자와 만났는데 그 꿈이 깨지게 되어 나온 반응이다. 프랭크를 사랑한 것이 아니라 프랭크의 조건을 사랑했다. 크게 절망한 프랭크는 모든 것을 버리고 어머니 고향 프랑스 몽트리샤에 가서 아무도 알아채지 못하게 정교한 위조 수표를 대량으로 인쇄해 유럽 전역에 유통해 큰돈을 챙긴다. 유럽 각국은 위조 수표로 골머리를 앓는다. 프랭크를 계속 추적했던 칼은 추운 겨울 크리스마스 즈음에 몽트리샤까지 추적해 드디어 그를 체포한다.

Frank Abagnale, Jr. : [when Carl catches up to him in the print shop in Montrichard] Carl? Carl! Merry Christmas! How is it we're always talking on Christmas, Carl? Every Christmas, I'm talking to you!
[laughs]
Carl Hanratty : Put your shirt on, Frank. You're under arrest.

프랭크 : (인쇄소까지 찾아온 칼을 발견한다.) 이게 누구야? 칼? 메리 크리스마스! 크리스마스 때만 되면 빠짐없이 이야기하네요.(실제로 매년 크리스마스에 프랭크는 칼에게 전화해 안부도 전하고 왜 자신을 잡지 못하냐고 놀리기도 했다). 메리 크리스마스! 칼, 내 말 들려요?(크게 웃는다)
칼 : 프랭크, 셔츠 입어. 너를 체포한다.

Second Chance

법을 위반했으니 당연히 체포하는 것이고 잘못의 대가는 치러야 하겠지만, 칼은 프랭크의 재주를 알고 그의 사정을 이해하기에 그에게 세컨 찬스(Second Chance, 만회할 수 있는 두 번째 기회)를 주려고 한다. 프랭크는 프랑스에서 감옥살이하다가 미국으로 송환되어 다시 재판받는다. 물론 유죄 판결을 받았고 판사는 다음과 같은 형량을 선고한다.

Sentencing Judge : Taking into account the gravity of these crimes, your history of bold and elusive behavior, and your complete lack of respect for the laws of the United States, I have no choice but to ignore your request to be treated as a minor, and sentence you to twelve years in Atlanta's maximum security prison, and recommend strongly that you be kept in isolation for the entirety of that sentence.

판사 : 그동안 범한 범죄의 심각성과 뻔뻔스럽게 요리조리 법망을 피하며 미국법을 전혀 존중하지 않은 점을 고려할 때, 미성년자임을 참작해 형량을 내려 달라는 피고의 요청은 기각하며, 애틀랜타 중범죄자 교도소에서 12년 복역할 것을 선고한다. 또한, 수감 기간 중 독방에 수용할 것을 강력히 권고한다.

FBI 요원인 칼(Carl)은 교도소에서 복역 중인 프랭크를 꺼내기 위해 노력한다. 비록 자신이 체포하긴 했으나 프랭크의 어린 시절 불우한 집안 사정을 잘 알고 있으며 그의 재능을 안타깝게 생각한다. 칼은 여러 방면으로 힘을 써서 자신의 감독하에 프랭크를 FBI의 금융 사기 부서에서 수감 기간 동안 일하도록 한다.

한동안 열심히 일하던 프랭크는 무엇에 홀린 듯이 앞뒤 생각도 하지 못하고 다시 조종사 옷을 입고 공항으로 가서 다른 도시로 도망치려 한다. 마음의 상처가 너무 깊고 삶의 무게가 너무 무거우면 이성적인 판단을 하지 못하는 법이다.

Carl Hanratty : Listen….

Frank Abagnale, Jr. : I'm sorry I put you through all this.

Carl Hanratty : You go back to Europe, you're gonna die in Perpignan Prison. You try to run here in the States, we'll send you back to Atlanta for 50 years.

Frank Abagnale, Jr. : I know that.

칼 : 내 이야기 좀 들어봐….

프랭크 : 이렇게 힘들게 해서 죄송해요.

칼 : 만약 유럽에 돌아가면 프랑스 감옥에 평생 수감될 거야. 미국에서 도망치다 잡히면 애틀랜타 교도소로 가서 50년은 복역해야 해.

프랭크 : 알아요.

Carl Hanratty : I spent four years trying to arrange your release. Had to convince my bosses at the FBI and the Attorney General of the United States you wouldn't run.

Frank Abagnale, Jr. : Why'd you do it?

Carl Hanratty : You're just a kid.

Frank Abagnale, Jr. : I'm not your kid. You said you were going to Chicago.

Carl Hanratty : My daughter can't see me this weekend. She's going skiing.

Frank Abagnale, Jr. : You said she was four years old. You're lying.

Carl Hanratty : She was four when I left. Now she's 15. My wife's been remarried for 11 years. I see Grace every now and again.

칼 : 4년간 너를 감옥에서 끌어내리려고 노력했어. 네가 절대 도망치지 않을 거라고 FBI 상관들과 법무부 장관까지 설득했어.

프랭크 : 왜 그러셨나요?

칼 : 너는 아직 어린애잖아.

프랭크 : 나는 당신의 아이가 아니예요. 참, 시카고로 간다고 하지 않았던
가요?

칼 : 내 딸이 이번 주말에 나를 만날 수가 없다네. 스키 타러 가느라고.

프랭크 : 딸이 네 살이라고 했는데요. 거짓말을 했군요.

칼 : 아내와 이혼했을 때 네 살이었어. 이제 열다섯이지. 전처는 재혼한 지
11년이 되었고. 딸은 어쩌다가 한 번씩 보곤 해.

Frank Abagnale, Jr. : I don't understand.

Carl Hanratty : Sure you do. Sometimes, it's easier living the
lie.

[Frank stops, Carl catches up]

I'm going to let you fly tonight, Frank. I'm not even going to
try to stop you. That's because I know you'll be back on Mon-
day.

Frank Abagnale, Jr. : Yeah? How do you know I'll come back?

Carl Hanratty : Frank, look. Nobody's chasing you.

프랭크 : 이해가 안 되네요.

칼 : 너도 잘 알면서. 때로는 거짓으로 사는 편이 더 쉬울 수도 있어.

(프랭크에게 주는 교훈이다. 거짓말하면 살 수도 있지만 그러면 오래가지 못한다는 의미다.)

오늘 비행기를 타도 가만히 있을게. 잡지도 않을 것이고. 너는 월요일에는
다시 돌아올 거니까.

프랭크 : 그래요? 내가 다시 돌아오리라는 것을 어떻게 알지요?

칼 : 프랭크, 보라고. 아무도 너를 쫓지 않잖아.

프랭크가 월요일에 다시 돌아왔을까? 영화를 보며 확인하기 바란다.

영화로 보고
영어로 읽는 세상

나, 다니엘 블레이크
I, Daniel Blake, 2016
같이 사는 세상

감독   켄 로치(Ken Loach)
각본   폴 레버티(Paul Laverty)
출연   데이브 존스(Dave Johns
헤일리 스콰이어스(Hayley Squires)

그 많은 돈은 다 어디로 갔을까?

영화 〈나, 다니엘 블레이크(I, Daniel Blake, 2016)〉는 2016년 칸 영화제
(Cannes Film Festival)에서 최고 영화상 황금 종려상(Palme d'Or)을 수상했고,
2017년 영국 아카데미 영화상(British Academy Film Awards)에서 최고 영국
영화상을 받았다. 이 시상식의 켄 로치(Ken Loach) 감독의 연설에서 영화
의 특성과 감독의 정치관을 살펴볼 수 있다.

Ken Loach : Thank you to the Academy for endorsing the

truth of what the film says, which hundreds of thousands of people in this country know, and that is that the most vulnerable and the poorest people are treated by this government with a callous brutality that is disgraceful, and it's a brutality that extends to keeping out refugee children that we have promised to help, and that is a disgrace too.

But films can do many things; they can entertain, they can terrify, they can take us to worlds of the imagination, they can make us laugh, and they can tell us something about the real world we live in. And in that real world - it is a bit early for a political speech, I am sorry - it is getting darker, as we know.

And in the struggle that's coming between the rich and the powerful, the wealthy and the privileged, and the big corporations and the politicians who speak for them, on the one hand, and the rest of us on the other, then filmmakers - and we are all filmmakers here -the filmmakers know which side they are on, and despite the glitz and the glamour of occasions like this, we are with the people. Thanks for this.

켄 로치 감독 : 이 영화가 말하고 있는 진실을 인정해준 영국 영화 아카데미에 감사드립니다. 영화에 나타난 사실은 영국에 사는 수많은 사람이 잘 알고 있습니다. 그러니까 가장 약하고 가난한 사람들을 이 정부는 잔인할 정도로 무심하게 취급하고 있다는 말이지요. 또한, 우리가 도와주겠노라 약속했던 해외 어린 난민들조차 받아들이지 않고 있는 현실도 정말 부끄러운 일입니다.

영화는 많은 일을 해냅니다. 즐거움도 주고, 공포도 주고, 상상의 세계로 이끌고, 웃게도 하고, 우리가 사는 진짜 세계에 대해 말해주기도 하죠. 여러분께 먼저 사과드립니다. 정치 이야기를 하기에는 조금 이른 시간이군요. 진짜 세계는 우리가 아는 대로 점점 더 어두워져 가고 있다는 거지요. 부유한 권력자, 혜택받은 부자들과 대기업들, 혜택을 누리는 사람들의 편인 정치가들과 우리 사이 갈등은 진행형입니다. 우리처럼 영화를 만드는 사람들도 그 사이에 있습니다. 우리는 영화인들이 어느 편에 서 있는지 잘 알지요. 이처럼 화려하고 풍요로운 행사를 치를지라도 우리는 혜택 받지 못한 사람들과 함께 있습니다. 상을 주셔서 감사합니다.

도와줘야 하는 책임, 도와야 하는 의무

영화에서 영국 정부는 가난한 사람을 위한 정부의 지원을 대폭 축소하고 복지 신청과 수혜 절차를 까다롭게 바꾼다.(물론 영국 정부는 복지 수혜 절차를 체계화했다고 주장한다.) 로치 감독은 가난하고 힘없는 빈곤층에게 일어나는 일을 세밀하게 묘사한다.

보수 정부가 들어선 많은 국가에서 소위 신자유주의(neoliberalism) 경제 원리에 따라 개인의 복지나 경제 상황에 정부의 적극적인 개입을 줄이거나 없애는 정책을 추진한다. 영국도 예외는 아니다. 정부의 개입 대신 대기업들이 성장해 더 많은 사람을 고용하면 소비도 늘어나 더 많은 사람에게 경제적 혜택이 돌아간다는 '낙수 효과(trickle-down)'를 신봉하는 정치인들이 주로 취하는 정책이다. 가난한 사람을 직접 도와주면(보편적 복지) 그 사람들의 자립 의지만 줄어들게 된다는 도덕적 회의론도 복지 혜택을 줄이는 주장에 힘을 실어준다. 그러나 낙수 효과는 장기적으로는 효과가 거의 없다는 것이 여러 경제학자의 중론이다. 당장 끼니도 해결할 수 없고 일도 찾을 수 없는 소외되고 가난한 사람들은 정부가 나서서 적극적으로 도와주는 일이 옳다는 생각이 보편적인 복지의 기본 개념이다.

우리나라도 젊은이들이 정부의 역할과 지원의 기대를 포기하고 큰돈을 벌기 위해 소위 '영끌'(영혼까지 끌어모아 부동산 등에 무리하게 투자하는 행위)을 한다.

그로 인해 부동산 가격은 등락을 거듭하고 무리한 대출을 받은 투자자들이 고통받는 비극적인 현실이다.

나이도 들고 몸이 아파 더 이상 일할 수 없게 된 다니엘(Daniel)과 미혼모로 두 아이를 양육해야 하는 케이티(Katie)는 서로 도우며 어려움을 헤쳐나가려고 노력한다.

Katie : I can't cope, Dan. I feel like I'm going under.
Daniel : Look, you'll get through this, darling.

케이티 : 더 이상 안 되겠어요. 이제 포기할래요.
다니엘 : 내 이야기 잘 들어요. 당신은 이겨낼 수 있어요.

다니엘도 정부의 복지 센터에 가서 도움을 요청하지만, 컴퓨터를 쓸 줄 모르는 다니엘을 도와주는 사람은 없고 대부분 직원은 너무나 불친절하고 고압적이다. 다니엘은 이제 정부에 거는 기대를 접으려 한다.

Daniel : It's a monumental farce, isn't it? You sitting there with your friendly name tag on your chest, Ann, opposite a sick man looking for nonexistent jobs, that I can't take anyway. Wasting my time, employers' time, your time. And all it does is humiliate me, grind me down. Or is that the point, to get my name off those computers? Well, I'm not doing it any more. I've had enough. I want my date for my appointment for my appeal for Employment and Support.

다니엘 : (복지 센터 직원에게) 당신들은 정말 말도 안 되는 엉터리 같은 짓을 저지르고 있어요. 당신은 이름이 적힌 예쁜 이름표를 가슴에 붙이고, 나는 당신과 마주 보고 여기에 앉아서 존재하지도 않는 일자리를 찾고 있잖아

요. 물론 일자리가 있어도 나는 몸이 아파서 일하지 못해요. 내 시간과 당신 시간, 일할 사람을 찾고 있는 고용주의 시간까지 낭비하고 있지 않나요. 이렇게 해 봤자 나는 모욕만 받을 것이고 지쳐 버리잖아요. 그냥 내 이름을 컴퓨터에서 삭제하는 것이 목표인가요? 이제 더는 못 하겠네요. 이제 끝이에요. 고용과 지원에 대해서 상부에 정식으로 항의할 수 있도록 약속을 잡아주시오.

도움이 필요한 사람들에게 무심하기만 한 복지 센터 직원 중에서도 따뜻한 마음을 가진 앤(Ann)은 다니엘을 도와주려고 애쓴다. 다니엘이 실업 급여(JSA, Jobseeker's allowance) 수급을 포기하고 상위 부서에 항의 절차를 밟으려고 하자 앤은 친절하게 조언을 해준다.

Ann: Please listen to me, Dan. It's a huge decision to come off JSA without any other income coming in. Look, it⋯ It could be weeks before your appeal comes through. You see, there's no time limit for a mandatory reconsideration. I've got a time limit. And you might not win. Please, just keep signing on. Get somebody to help you with the online job searches. Otherwise, you could lose everything. Please don't do this. I've seen it before. Good people, honest people, on the street.
Daniel: Thank you, Ann. But when you lose your self-respect, you're done for.

앤: 내 말 잘 들어봐요, 다니엘. 다른 수입이 없는 상태에서 실업 급여를 포기하는 일은 중대한 결과를 초래할 수도 있어요. 생각해 보세요. 항의 서류가 절차를 밟아 처리되려면 몇 주가 걸릴 수도 있어요. 재심사에는 정해진 규정 시간이 없어요. 나도 도와줄 시간이 많지 않아요. 그리고 당신이 이긴다는 보장도 없고요. 그냥 여기 서류에 서명하세요. 온라인으로 직업을 찾는 일을 도와줄 사람도 찾고요. 그렇게 하지 않으면 모든 것을 잃

을 수도 있어요. 이러지 말아요. 착하고 정직한 사람들이 결국 거리에 나
앉는 일을 그간 많이 봤어요.

다니엘 : 앤, 고마워요. 그렇지만 자존심을 잃어버리면 모든 것을 잃게 되
는 거요.

아무리 가난한 사람에게도 자존심은 남아 있다. 그것마저 빼앗아 버
리면 사람에게 남는 것은 아무것도 없다. 복지 정책도 이런 점을 염두에
두어야 한다. 케이티와 그 자녀들은 다니엘을 도와주기 위해 애쓴다.

Daisy : Can I ask you one question, Dan? Did you help us?
Danie l : Suppose so.
Daisy : So why can't I help you?

데이지(케이티 딸) : 뭐 하나 물어봐도 될까요? 우리를 도와주셨지요?
다니엘 : 그런 셈이지.
데이지 : 그러니 이제 우리가 도와 드리면 안 되나요?

두 사람은 힘을 합해 국가의 잘못된 복지 시스템과 싸운다. 영화 마지
막에 슬프지만 아름다운 케이티의 호소를 들을 수 있다.

Katie : He always used to write in pencil. And he wanted to
read it at his appeal but he never got the chance to. And this
is what he wrote. "I am not a client, a customer, nor a service
user. I am not a shirker, a scrounger, a beggar, nor a thief. I'm
not a National Insurance Number or blip on a screen. I paid
my dues, never a penny short, and proud to do so. I don't
tug the forelock, but look my neighbour in the eye and help

him if I can. I don't accept or seek charity. My name is Daniel Blake. I am a man, not a dog. As such, I demand my rights. I demand you treat me with respect. I, Daniel Blake, am a citizen, nothing more and nothing less." Thank you.

케이티 : 다니엘은 항상 연필로 뭔가를 쓰곤 했지요. 복지 보상금 수혜 재심에서 이 글을 읽으려고 했는데, 이제 그럴 기회는 없군요. 제가 읽어 볼게요. "나는 고객이고 손님이지 혜택만을 받는 사람이 아니다. 나는 도망자도 아니고, 나랏돈을 떼어먹는 사람도 아니고, 거지도 아니며, 도둑도 아니다. 영국 보험 시스템의 번호 하나도 아니고, 컴퓨터 스크린상의 점 하나도 아니다. 나는 내야 할 세금도 한 푼도 떼어먹지 않고 꼬박꼬박 다 냈다. 누구에게 아부를 떤 적도 없고, 내 이웃들과 잘 지내고 도와줄 수 있을 때는 도와줬다. 누구에게도 동정을 바란 적도 없다. 나는 다니엘 블레이크다. 나는 인간이다. 개가 아니다. 그러니 나는 내 권리를 찾기 위해 주장한다. 나도 존중받을 권리가 있다. 다니엘 브레이크는 시민이다. 그 이상도 그 이하도 아니다." 고맙습니다.

얼마 전 젊은 정치인이 지하철에서 교통 이용권을 요구하며 시위하는 장애인들을 비난하고 논쟁을 벌인 일이 있었다. 이 사건은 누가 맞고 틀린 문제가 아니라 소외되고 혜택받지 못한 사람들에 대해 혜택받고 능력 있는 사람들이 가져야 할 태도를 명백하게 알려준 사건이라고 생각한다. 〈나, 다니엘 블레이크〉는 경제 정의와 공정성에 대해 많은 생각을 하게 하는 영화다.

영화로 보고
영어로 읽는 세상

Chapter 04

그중에 제일은 사랑이라

퍼스트 맨
First Man, 2018
인류를 위한 거대한 도약

감독   데이미언 셔젤(Damien Chazelle)
각본   조시 싱어(Josh Singer)
원작   제임스 R. 한센(James R. Hansen)
출연   라이언 고슬링(Ryan Gosling)
　　　클레어 포이(Claire Foy)
　　　제이슨 클라크(Jason Clarke)

우리가 먼저 달에 가야 해

〈퍼스트 맨(First Man)〉은 1969년에 인류 최초로 달에 간 암스트롱(Niel Armstrong, 1930-2012)에 관한 영화다. 감독 데이미언 셔젤(Damien Chazelle)은 〈위플래쉬(Whiplash, 2014)〉와 〈라라 랜드(La La Land, 2016)〉의 감독으로 친숙하다. 라이언 고슬링(Ryan Gosling)은 라라 랜드에서도 주연으로 출연했다.

사람들이 잘 알고 있고 많은 사람이 실제로 목격하여 생생하게 기억하는 역사적 사건을 영화로 만드는 일은 쉬운 일이 아닐 것이다. 특히 과학 기술적인 상황을 묘사해야 하는 영화는 더욱 그렇다. 셔젤 감독은 이 힘든 일을 아주 꼼꼼하게 계획하고 수행해 훌륭한 영화를 만들었다. 위플래쉬와 라라 랜드의 영화 음악을 담당했던 저스틴 허위츠(Justin Hur-witz)가 우주 탐사 영화에 걸맞은 신비하고 아름다운 음악을 작곡했다.

1957년 소련은 인류 최초로 지구 궤도에 유인 우주선을 성공적으로 발사했다. 우주인은 유리 가가린(Yuri Gagarin, 1934~1968)이다. 경제와 군사, 과학 모든 면에서 경쟁 관계에 있던 미국은 이 사건 후 엄청난 충격을 받았다. 그리고 나라의 명운을 걸고 달에 사람을 보내기 위해 당시에는 말도 안 되는 대장정에 돌입한다. 1962년 케네디 대통령은 1970년이 오기 전까지 사람을 달에 보내겠다고 호언장담했고, 이 일정을 지키기 위한 세부 일정을 수립했다.

1962년 달에 사람을 보내는 최종 프로젝트인 아폴로 프로그램(Apollo program)이 시작됐다. 그러나 1월 27일 아폴로 1호 발사 준비 훈련 중 화재가 발생해 3명의 우주인 거스 그리섬(Gus Grissom)과 에드워드 화이트(Edward White), 로저 채피(Roger Chaffee)가 사망했다. 공식적인 원인은 우주선 설계 결함이었지만, 1970년이 되기 전에 소련보다 먼저 사람을 달에 보내겠다는 야심 찬 계획을 너무 급하게 추진해 발생한 부작용이라고 보는 견해도 많다.

왜 우리는 우주로 나가려 하는 것일까? 이 의문에 대해 닐 암스트롱은 NASA(미 우주 항공국, National Aeronautics and Space Administration)에 우주 비행사로 지원하며 다음과 같이 자신의 소신을 밝힌다.

Neil Armstrong : I don't know what space exploration will uncover, but I don't think it'll be exploration just for the sake of exploration. I think it'll be more the fact that it allows us to see things. That maybe we should have seen a long time ago. But just haven't been able to until now. I had a few opportunities in the X-15 to observe the atmosphere. It was so thin, such a small part of the Earth that you could barely see it at all. And when you're down here in the crowd and you look up, it looks pretty big and you don't think about it too much. But when you get a different vantage point it changes your perspective.

닐: 우주 개발을 통해 무엇을 얻을 수 있을지는 모르겠습니다. 그러나 그저 개발을 위한 개발은 아닐 거로 생각합니다. 이 일을 통해 발견할 무엇인가가 있겠지요. 이미 오래전에 발견했어야 할 일인데 아직 못하고 있는 일일 수도 있죠. 개발 중인 초음속 비행기 X-15를 조정하면서 지구 성층권까지 올라가 지구를 관찰한 적이 있습니다. 공기층도 얇고 보통은 거의 볼 수 없는 지구를 본 것이죠. 하지만 이곳 지구에서 다른 사람들과 함께 살면서 위를 올려다보면 눈에 보이는 것들이 워낙 광활해서 우주에 대해서도 그냥 생각을 잘 안 하게 되지요. 하지만 어디서 보느냐에 따라 다른 관점이 생깁니다.

돌아올 수 있나요?

남편들은 인류와 조국을 위해 우주로 가지만 우주인을 가장으로 둔 부인들의 심정은 심란하다는 말로 묘사할 수 있을 것이다. 남편이 임무 수행 중에 희생되면 혼자 아이를 키우며 살아가야 하기 때문이다. 아폴로 계획이 시작되기 전 단계인 제미니 프로젝트(Project Gemini, 1964년 부터 1966년까지 미국 항공우주국에 의해 이루어진 미국의 두 번째 유인 우주 비행 계획)가 진행된다. 도킹(Docking, 두 우주선 연결 작업) 훈련 임무를 예정대로 수행한 닐 암스트롱이 타고 있던 우주선이 조종 불능 상태에 빠진다. 집에 있는 부인들도 우주 비행사와 NASA 간의 교신을 들을 수 있도록 집에 음성 수신 장치를 설치해 두었다. 그런데 암스트롱의 부인 자넷이 위기 상황을 벗어나기 위한 다급한 교신을 듣고 충격받을 것을 우려한 나머지 암스트롱 집과 연결된 통신을 끊는다. 자넷은 나사를 찾아가 책임자(디크 슬레이튼)에게 따진다.

Deke Slayton : Jan, you have to trust us. We've got this under control.
Janet Armstrong : No, you don't. All these protocols and procedures to make it seem like you have it under control. But you're a bunch of boys making models out of balsa wood! You don't have anything under control!

디크 : 젠, 우리를 믿어야 해요. 우리가 모든 사항을 잘 통제하고 있어요.
자넷 : 헛소리하지 말아요. 모든 조치니 절차니 이런 것들만 보면 마치 당신들이 전혀 문제없이 모든 사항을 통제하고 있는 것 같지만, 당신들은 나무를 깎아서 장난감 만드는 애들이나 다를 바가 없어요. 실제로는 아무 통제도 못 하고 있잖아요!

우주 비행사로 선발된 사람들은 이처럼 위험천만한 임무를 수행하고 있다. 닐 암스트롱의 부인 자넷은 동료 우주 비행사인 에드 화이트(Ed White)의 부인 패트(Pat)와 가까운 사이다. 두 사람은 남편을 따라 휴스턴에 내려와서 서로를 의지하며 살아간다. 때로 남편이 이토록 힘들고 위험한 일을 하지 않았으면 하는 희망을 서로 피력하기도 하지만, 국가를 위해 봉사하며 역사를 써나가는 남편을 이해하려고 노력한다.

Pat White : I've got a sorority sister with a normal life.
Janet Armstrong : Yeah?

Pat White : She married a dentist.

Janet Armstrong : A dentist? Sounds good.

Pat White : He's home by six every night. And every few months she calls to say she wishes he weren't.

패트 : 대학교 때 같은 기숙사에서 자매처럼 친하게 지내던 친구가 있는데 그 애는 나름 평범하게 살고 있어.

자넷 : 어 그래?

패트 : 치과 의사와 결혼했거든.

자넷 : 치과 의사? 좋겠다.

패트 : 남편이 매일 6시면 칼퇴근이래. 그런데 몇 달에 한 번씩 나에게 전화해서 남편이 안 그러면 좋겠다는 거야.

예를 들어 나라를 지키는 군인의 부인도 절반 이상은 군인이다. 남편이 힘든 일을 한다는 사실을 너무나 잘 알고 있고 그것도 자랑스럽게 여긴다. 다만 남편이 희생되지 않기만을 바랄 뿐이다.

그러나 애드 화이트는 아폴로 1호의 비행사로 선발되어 훈련하다 사고로 희생된다. 우여곡절 끝에 암스트롱이 인류 최초로 달에 착륙할 예정인 아폴로 11호의 선장으로 결정된다. 남편 없이 혼자 아이들을 키우는 패트를 생각하며, 이제 아폴로 11호를 타고 우주로 가기 위해 짐 싸느라고 바쁜 남편을 붙잡고 자넷은 하소연한다.

Janet Armstrong : Pat doesn't have a husband. Those kids, they don't have a father anymore. Do you understand what that means? What are the chances that's going to be Ricky and Mark? And I can't tell them that their dad spent the last few minutes packing his briefcase! You're gonna sit them down. Both of them. And you're going to prepare them for the fact that you might not ever come home. You're doing that. You. Not me. I'm done.

자넷 : 패트는 남편이 없어. 아이들은 이제 아빠가 없다고. 그게 뭘 말하는지 알아? 우리 아이들 리키와 마크에게도 그런 일이 생길 가능성이 있단 말이야. 그런데 나는 우리 아이들에게 너희 아빠는 자기 집 챙기느라고 바빠서 너희와 이야기도 못 했다고 말할 수 없어. 그러니 둘 다 앉혀놓고 당신이 돌아오지 못할 수도 있다고 아이들에게 확실하게 해 놓고 가란 말이야. 당신이 하라고. 내가 아니라. 나는 이야기 안 할 거라고.

닐 암스트롱은 아이들을 깨워 아버지는 꼭 돌아오겠지만 그렇지 못할 가능성도 있음을 알리고 집을 나선다.

Rick Armstrong : Do you think you're coming back?
Neil Armstrong : We have real confidence in the mission, and there are some risks, but we have every intention of coming back.
Rick Armstrong : But you might not?

릭(아들) : 아버지는 돌아오실 거죠?
닐 : 달에 가는 일은 순조롭게 잘 진행될 것을 의심하지 않는단다. 물론 위험한 일이 생길 수도 있지만, 반드시 돌아오려고 모든 노력을 다할 거야.
릭 : 돌아오지 못할 수도 있다는 거예요?

왜 우주로 가려고 하죠?

닐 암스트롱은 모든 어려움을 이기고 1969년 7월 21일 인류 최초로 달에 발을 내디딘다. 그리고 한 이 말은 인류가 존재하는 한 계속 사람들의 기억에 남아 있을 것이다.

Neil Armstrong : That's one small step for man, one giant leap for mankind.

닐 : 이 발걸음은 한 사람의 작은 걸음이지만 인류에게는 큰 도약입니다.

문법적으로는 'for a man'이 맞고, 닐 암스트롱도 그렇게 말했다고 생각했는데, NASA에서 녹음을 몇 번을 들어봐도 그냥 'for man'이라고 들린다. 문법은 조금 틀렸지만 인류 역사에 한 획을 확실하게 긋는 명문장이다.

워낙 위험한 임무이고 누구도 성공 여부를 장담할 수 없는 비행이었기에 나사도 최악의 순간까지 준비한다. 다음은 임무에 실패하여 우주 비행사가 돌아오지 못할 경우를 대비해 당시 미국 대통령 닉슨이 준비한 연설문이다.

Fate has ordained that the men who went to the moon to explore in peace will stay on the moon to rest in peace. These brave men, Neil Armstrong and Edwin Aldrin, know there is no hope for their recovery. They will be mourned by their families; they will be mourned by a Mother Earth that dared send two of her sons into the unknown… Others will follow, and surely find their way home. But these men were the first, and they will remain the foremost in our hearts. For every human being who looks up at the moon in nights to come will know there is some corner of another world that is forever mankind.

평화 속에서 달을 개척하기 위해 달에 갔던 분들은 이제 평안히 안식해야 하는 운명을 맞이하게 되었습니다. 이 용감한 사람들, 닐 암스트롱과 에드윈 앨드린 그들을 지구로 데려올 방법이 없음을 잘 알고 있습니다. 가족들은 슬픔에 잠길 것입니다. 그들을 지구 밖 미지의 세계로 보내려 결정했던 지구인 모두의 슬픔입니다. 다른 이들이 또 달에 갈 것이고 고향에 돌아올 것입니다. 하지만 희생된 이들이 가장 먼저 이 일에 도전했던 사람이고 우리의 마음속에 남아 있을 것입니다. 왜냐하면, 앞으로 달을 쳐다볼 모든 사람은 저 멀리 희생된 그분들 덕에 영원히 우리의 것이 된 새로운 세계를 바라볼 것이기 때문입니다.

많은 나라가 우주로 눈을 돌리고 있다. 어린아이들과 함께 이 영화를 보면서 우주로 나가는 꿈과 도전 정신에 대해 함께 이야기해 보면 어떨까.

타이타닉
Titanic, 1997
사랑은 침몰하지 않는다

감독   제임스 카메론(James Cameron)
각본   제임스 카메론(James Cameron)
출연   레오나르도 디카프리오(Leonardo DiCaprio)
       케이트 윈슬렛(Kate Winslet)

세상에 영원한 것은 없다

영화 〈타이타닉(Titanic, 1997)〉은 1912년 4월 14일 북대서양에서 침몰해서 탑승 인원 2,224명 중 1,514명이 사망한 타이타닉호(RMS Titanic, Royal Mail Ship Titanic) 침몰 사건을 소재로 하고 있다. 타이타닉은 1912년 4월 10일 영국의 사우샘프턴(Southampton)에서 출발해 4월 17일 미국 뉴욕에 도착할 예정이었다. 배가 만들어진 후 이후 최초의 항해(maiden voyage)였다. 타이타닉은 당시 세계 최대 규모였으며 초호화 여객선이었다. 영국 에스터 가문이며 세계적 부호인 존 제이콥 애스터(John Jacob Astor IV)와 미국 메이시(Macy) 백화점 소유주 부부(Isidor Straus and Ida Straus)도 이 배에 탑승했는데 이들 모두 사망했다.

워낙 극적인 사건이었기 때문에 수많은 소설과 영화, 기록물 등에서 이 사건을 다뤘다. 제임스 카메론 감독은 〈터미네이터(Terminator, 1984)〉와 〈에일리언(Alien, 1979)〉, 〈트루 라이즈(True Lies, 1994)〉 등의 히트작을 만든 명감독이다. 그중에서 1997년 제작한 이 영화를 사람들은 가장 좋아하고 오랫동안 기억하고 있다. 상영 시간이 3시간 14분이나 되는 긴 영화이지만 누구든지 시간 가는 줄 모르고 푹 빠질 만큼 잘 만든 영화다.

이 영화는 1998년 오스카 시상식에서 최우수 영화상과 감독상 등 11개 분야를 휩쓸었다. 영화 제작비도 당시 기록적인 2억 달러(약 2,800억 원)가 들었다. 제작사인 20세기 폭스사와 파라마운트 픽처는 애초 계획된 예산을 초과해 영화 제작 포기를 심각하게 고려했다. 그러나 카메론 감독이 자신의 급료인 8백만 달러(100억 원)를 포기하겠다며 영화사를 설득해 결국 제작이 완료됐다. 결국 이 영화는 전 세계에서 상영되어 제작비의 10배 이상인 20억 달러(2조 8천억 원)의 수입을 올렸다. 물론 카메론 감독은 자신의 급료를 받았다.

자유의 대가, 돈의 속박

영화에서 떠돌이 화가 미국인 잭 도슨[Jack Dawson, 레오나르도 디카프리오,(Leonardo DiCarprio) 분]은 포커판에서 돈 대신 타이타닉호 삼등석 표를 따낸다. 배에 탑승한 잭은 일등석 탑승객인 로즈(Rose)와 사랑에 빠진다.

로즈는 영국의 몰락한 귀족 가문의 미모와 지성을 겸비한 17세 소녀다. 미국 부자 가문의 아들인 칼(Carl)을 사랑하지 않지만, 그와 약혼식을 올리기 위해 타이타닉을 함께 타고 뉴욕으로 간다. 칼은 돈이면 안 되는 일이 없다는 전형적인 천민자본주의를 대표하는 인물이다. 자신의 사업과 사회적 이미지 개선을 위해서는 로즈 같은 영국 귀족 출신의 여인이 필요해 정략적인 결혼을 계획하고 있다.

가난하지만 창의력과 삶에 대한 열정이 넘치는 잭에게 마음을 빼앗긴 로즈는 그를 귀족의 파티에 초대한다. 겉으로는 친절한 척하지만 속으로는 가난한 잭을 깔보는 로즈의 어머니 등 여러 귀족에게 잭은 파티를 떠나며 한마디를 남긴다.

Jack : Well, yes, ma'am, I got everything I need right here with me. I got air in my lungs, a few blank sheets of paper. I mean, I love waking up in the morning not knowing what's gonna happen or, who I'm gonna meet, where I'm gonna wind up. Just the other night I was sleeping under a bridge and now here I am on the grandest ship in the world having champagne with you fine people. I figure life's a gift and I don't intend on wasting it. You don't know what hand you're gonna get dealt next. You learn to take life as it comes at you… to make each day count.

잭 : 맞아요. 나는 부족한 게 없어요. 필요한 것은 다 있어요. 폐 속에는 숨 쉴 공기가 있고요. 그림 그릴 종이 몇 장도 가지고 있어요. 아침에 일어나면 마음이 설레지요. 어떤 일이 일어날지 누구를 만날지 어느 곳에 가게 될지 너무 궁금하거든요. 어떤 때는 다리 밑에서 잠을 잤지만, 이제는 제일 멋진 배에서 훌륭하신 분들과 이렇게 샴페인을 마시고 있잖아요. 삶은 선물이에요. 낭비하고 싶은 생각도 없고요. 다음에 어떤 일이 닥칠지 아무도 모르잖아요. 우리에게 다가오는 인생을 받아들여야 하지 않을까요? 그래야 하루하루를 멋지게 살 수 있으니까요.

잭의 말대로 다음 날 다음 순간 어떤 일이 생길지 아무도 모른다. 세계에서 가장 안전한 배라고 자랑하던 타이타닉호는 밤중에 빙산과 충돌하고 서서히 침몰하기 시작한다. 침몰이 2시간 정도 서서히 진행됐기 때문에 비상 보트만 충분히 있다면 대부분 구조될 수 있다. 문제는 배에 탑재한 비상 보트로는 전체 탑승 인원의 절반 밖에 구조할 수 없다는 것이다. 배의 안전을 맹신해 충분한 비상 보트를 싣지 않았다. 역사를 통해서 우리는 알고 있다. 인간의 오만함이 사고의 가장 큰 원인이라는 것을.

또 일등석 승객을 먼저 대피시켜 이등석과 삼등석 승객의 희생이 컸다. 사람 목숨의 가치는 일등석과 삼등석으로 구별되는 것이 아닌데 안타깝다. 당시 바닷물의 온도는 영하 2도. 이런 물에 빠지면 10분 이상을 버티기 어렵다. 많은 사람이 보트에 타지 못하고 바다로 뛰어들었다. 로즈와 잭도 물 위에 떠있지만 바다는 너무 차갑다. 이제 희망이 사라져 간다.

Rose : [thinking both of them will die soon] I love you, Jack.

Jack : Don't you do that, don't say your good-byes. Not yet, do you understand me?

Rose : I'm so cold.

Jack : Listen, Rose. You're gonna get out of here, you're gonna go on and you're gonna make lots of babies, and you're gonna watch them grow. You're gonna die an old… an old lady warm in her bed, not here, not this night. Not like this, do you understand me?

Rose : I can't feel my body.

Jack : Winning that ticket, Rose, was the best thing that ever happened to me… it brought me to you. And I'm thankful for that, Rose. I'm thankful. You must do me this honor. Promise me you'll survive. That you won't give up, no matter what happens, no matter how hopeless. Promise me now, Rose, and never let go of that promise.

Rose : I promise.

Jack : Never let go.

Rose : I'll never let go, Jack. I'll never let go. I promise.

로즈 : (잭과 자신 모두 곧 죽을 거라고 생각한다.) 잭, 사랑해.

잭 : 그러지 마. 아직 이별을 말할 때가 아니야. 아직은. 무슨 말인지 알아?

로즈 : 너무 추워.

잭 : 로즈, 내 말 잘 들어. 너는 살아날 거야. 네 삶은 계속되고 너는 아이들도 많이 낳을 거야. 또 그 애들이 자라나는 것도 바라볼 것이고. 너는 오늘 밤, 여기가 아니고 나중에 나이가 많이 들어서 따뜻한 침대에 누워서 임종을 맞이할 거야. 이렇게 죽지는 않을 거야. 무슨 말인지 알겠어?

로즈 : 몸에 감각이 하나도 없어.

잭 : 포커판에서 삼등칸 표를 딴 것은 내 일생에 가장 멋진 일이었어. 내가 너를 만날 수 있었잖아. 정말 그 일이 너무나 감사해. 그러니 너도 더 멋진 일을 해줘야 해. 살아남겠다고 약속해줘. 어떤 일이 생겨도 아무리 희망이 없어 보여도 절대로 포기하지 않겠다고. 약속해줘 로즈, 그리고 그 약속을 절대로 어기면 안 돼.

잭은 로즈를 끝까지 지키다가 세상을 떠난다. 로즈는 잭과 한 약속을 지키기 위해 포기하지 않고 호루라기를 불어 구명보트를 부른다. 그리고 기적적으로 구조된다.

Old Rose : Fifteen hundred people went into the sea when the Titanic sank from under us. There were twenty boats floating nearby, but only one came back. One. Six were saved from the water, myself included. Six out of fifteen hundred.

Afterward, the 700 people in the boats had nothing to do but wait.

나이 든 로즈: 타이타닉이 침몰했을 때 1,500여 명이 수장됐어. 근처에 20척의 비상 보트가 있었지만 돌아온 배는 한 척이었어. 단 한 척. 물에서 구한 사람은 6명뿐이고 나도 그중에 한 사람이었어. 1,500명 중 단 6명. 그 후에 구명보트에 타고 있는 700명은 마냥 기다렸지.

My heart will go on

로즈는 잭과 했던 약속을 지키기 위해 열심히 멋지게 산다. 사랑은 모든 것을 가능하게 한다.

타이타닉의 침몰과 역사, 탑승객에 대해서 누구보다도 잘 알고 있는 타이타닉 잔해 탐사자 루이스 보댕이 이제 거의 100세 가까이 된 로즈에게 묻는다.

Lewis Bodine: We never found anything on Jack… there's no record of him at all.

Old Rose: No, there wouldn't be, would there? And I've never spoken of him until now… Not to anyone… Not even your grandfather… A woman's heart is a deep ocean of secrets. But now you know there was a man named Jack Dawson and that he saved me… in every way that a person can be saved. I don't even have a picture of him. He exists now… only in my memory.

루이스: 잭에 관련된 것은 어느 것도 찾지 못했어요… 기록조차 없네요.

나이 든 로즈: (다른 사람의 표로 승선했으니) 없는 것이 당연하지 않겠어요? 그 일이 있은 후 아무에게도 말하지 않았지요.(함께 온 손녀를 가리키며) 네 할아버지에게도 말하지 않았지. 여자의 마음은 비밀이 가득한 깊은 바다 같거든. 하지만 이제 잭 도슨이라는 사람이 있었고, 그 사람 덕에 내가 목숨을 건졌음을 알게 되었어요. 목숨뿐만 아니라 모든 면에서 전부 구원받았지요. 잭의 사진은 한 장도 없어요. 그는 오직 내 기억 속에만 있지요.

이 영화는 제임스 카메론 감독의 영화 중에서 〈아바타(Avata, 2009)〉와 더불어 최고의 영화라고 생각한다. 아름다운 영상과 음악, 최고의 연기가 빛을 발한다. 아직 안 본 사람이 있다면 꼭 보기를 권한다. 후회하지 않으리라.

셀린 디온(Céline Dion)이 부른 주제가 'My Heart will go on'도 너무나 아름답다.

My Heart will go on
내 마음은 그대로일 거예요

셀린 디온(Céline Dion)

Every night in my dreams
I see you, I feel you
That is how I know you go on

매일 밤 꿈속에서
그대를 보고 그대를 느끼지요
그렇게 난 그대가 변치 않으리란 걸 알죠

Far across the distance
And spaces between us
You have come to show you go on

우리 사이에
머나먼 공간이 있을지라도
그대는 그대를 보여주기 위해 오지요

Near, far, wherever you are
I believe that the heart does go on
Once more you open the door
And you're here in my heart
And my heart will go on and on

가깝든 멀든 그대가 어디에 있어도
내 마음은 그대로일 거라 믿어요
다시 한번 문을 열어줘요
그러면 그대는 내 맘속에 있어요
그리고 내 마음은 그대로일 거예요

Love can touch us one time
And last for a lifetime
And never let go 'til we're gone

사랑은 한순간 우리에게 다가와요
그리고 평생을 머무르죠
우리가 죽기 직전까지 사라지지 않아요

Love was when I loved you
One true time I'd hold to
In my life we'll always go on

사랑이란 내가 그대를 사랑했을 때예요
내가 간직한 단 하나의 진실했던 순간
내 삶 속에서 우리의 사랑은 언제나 계속될 거예요

Near, far, wherever you are
I believe that the heart does go on
Once more you open the door
And you're here in my heart
And my heart will go on and on

가깝든 멀든 그대가 어디에 있어도
내 마음은 그대로일 거라 믿어요
다시 한번 문을 열어줘요
그러면 그대는 내 맘속에 있어요
그리고 내 마음은 그대로일 거예요

You're here, there's nothing I fear
And I know that my heart will go on
We'll stay forever this way
You are safe in my heart and
My heart will go on and on

그대가 여기에 있기에 난 두렵지 않아요
내 마음은 그대로일 것을 난 알아요
우리는 영원히 이렇게 함께할 거예요
그대는 내 마음속에서 안전하고
내 마음은 변치 않을 거예요

영화로 보고
영어로 읽는 세상

Cinema 3

라라 랜드
La La Land, 2016
슬프고도 아름다운

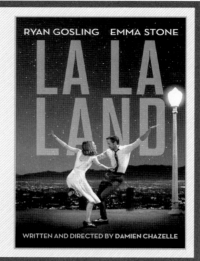

감독 데이미언 셔젤(Damien Chazelle)
각본 데이미언 셔젤(Damien Chazelle)
출연 라이언 고슬링(Ryan Gosling)
엠마 스톤(Emma Stone)

환상의 나라로 가는 이유를 아시나요?

〈라라 랜드(La La Land, 2016)〉는 〈위플래쉬(Whiplash, 2014)〉를 만든 데이미언 셔젤(Damien Chazelle) 감독이 2016년에 만든 뮤지컬 영화다. 1985년생인 셔젤 감독이 하버드 대학교 재학 시절부터 계획했던 영화라고 한다. 돈을 투자하겠다는 영화 제작사를 만나지 못해 꿈으로만 간직하고 있다가 자신이 감독한 〈위플래쉬(whiplash)〉가 흥행에 성공하자 투자하겠다는 영화사(Summit Entertainment)가 나타나 꿈을 이루게 되었다. 영화에 투자한 금액은 3천만 달러이고 전 세계에서 벌어들인 액수는 4억 5천만 달러로 투자 대비 10배 이상의 이익을 낸 대박 영화가 되었다.

데이미언 셔젤 감독이 2017년 오스카 영화상에서 감독상을 받은 것은 1972년 영화 〈카바레(Cabarat)〉로 밥 포스(Bob Fosse) 감독이 뮤지컬 영화로 감독상을 받은 이래로 음악이 주가 된 영화로는 최초 기록이다.

영화 제목인 〈라라 랜드(La La Land)〉는 현실이 아닌 몽상의 세계라는 이미지를 담고 있다. 또 영화의 배경이기도 한 로스앤젤레스(Los Angeles)의 별명이다. LA는 영화 제작 중심지 할리우드를 비롯하여 영화와 음악을 아우르는 엔터테인먼트 사업의 중심이다. 수많은 배우와 가수 지망생들이 연예인이 될 기회를 노리고 몰려들지만, 실제로 기회를 잡는 사람은 거의 없는 환상 속에 존재하는 나라라는 의미에서 라라 랜드(La La Land) 별명이 붙었다.

영화의 두 주인공은 세바스찬[Sebastian, 라이언 고슬링(Ryan Gosling) 분]과 미아[Mia, 엠마 스톤(Emma Stone) 분]다. 세바스찬은 가난한 재즈 피아노 연주자이지만 자기 이름을 가진 재즈 바 오픈을 꿈꾸며 여러 장소에서 피아노를 연주하며 힘들게 살고 있다. 웨이트리스로 일하는 미아는 배우 지망생으로 부지런히 오디션을 보러 다니지만 불러주는 곳이 없다. 실제로 배우 엠마 스톤은 열다섯 살 되던 해에 학교를 중퇴하고 배우가 되고 싶어 무작정 LA로 왔다가 고생 끝에 영화처럼 세계적 배우가 되었다.

세바스찬은 재즈(Jazz)를 열광적으로 사랑한다. 재즈는 19세기 후반에서 20세기 초 미국 루이지애나주 뉴올리언스의 아프리카계 미국인(흑인) 문화에서 탄생해, 20세기 초반에서 중반까지 전 세계적으로 크게 유행했다. 지금도 전 세계에 많은 팬을 확보한 음악 장르다. 유럽의 악기와 음악적 틀을 기반으로 아프리카의 리듬과 화성, 아프리카계 미국인 특유의 감성과 새로운 음악적 시도가 혼합되었다. 기존 음악의 엄격한 정형성에서 탈피하여 즉흥 연주와 변화를 강조한다. 재즈를 열광적으로 좋아하는 사람은 아직도 많지만, 재즈가 이해하기 어렵다고 하는 사람도 많고 대중적인 인기도 예전 같지 않은 것도 사실이다.

세바스찬은 재즈를 이해하지 못하는 미아에게 재즈에 관해 설명한다.

Sebastian : I just feel that people, when they say that they, you know, hate jazz… they just… they don't have context, they don't know where it comes from. You know? Jazz was born in a little flophouse in New Orleans, and it just, because people were crammed in there, they spoke five different languages, they couldn't talk to each other. The only way they could communicate was with jazz. It's conflict and it's compromise, and it's just… it's new every time. It's brand new every night. It's very, very exciting!

세바스찬 : 사람들이 재즈를 싫어한다고 말하는 것은 재즈의 배경도 모르고 재즈가 어떻게 시작되었는지도 모른다는 거야. 재즈는 뉴올리언스의 싸구려 숙소에서 태어났거든. 가난한 사람들이 가득 찬 숙소에서 말도 서로 통하지 않으니까 서로 이야기를 나누는 방법이 재즈였던 거야. 재즈는 갈등과 타협이란 거지. 그리고 연주할 때마다 달라지거든. 매일 밤 다른 음악이란 말이야. 얼마나 신나!

가지 않은 길, 두려운 길

한편 미아는 배우 오디션에 계속 탈락해 지쳐서 이제 꿈을 접으려고 한다. 세바스찬은 마지막으로 한 번만 더 오디션을 가보라고 미아를 격려한다.

Mia : Maybe I'm one of those people that has always want-ed to do it, but it's like a pipe dream for me, you know? And then you··· you said it, you-you changed your dreams, and then you grow up. Maybe I'm one of those people, and I'm not supposed to. And I can go back to school, and I can find something else I'm supposed to do. 'Cause I left to do that, and it's been six years, and I don't wanna do it anymore.

Sebastian : Why?

Mia : Why what?

Sebastian : Why don't you want to do it anymore?

Mia : 'Cause I think it hurts a little bit too much.

Sebastian : You're a baby.

Mia : I'm not a baby.

Sebastian : You are.

Mia : I'm trying to grow up.

Sebastian : You're crying like a baby.

Mia : Oh, my god.

Sebastian : And you have an audition tomorrow at 5:30. I'll be out front at 8:00 a.m. You'll be out front or not, I don't know.

미아 : 아마도 나는 정말로 하고 싶은 일을 꿈꾸지만, 그 꿈은 이룰 수 없는 헛된 꿈이야. 그런데 그걸 모르고 집착하는 그런 사람 중 한 명인 것 같아. 너는 네 꿈을 바꾸고 나서 성장했다고 말했지. 나도 그래야 할까 봐. 학교로 돌아가서 내가 해야 할 일을 찾아가야겠어. 학교를 그만두고 6년째 이 일을 하고 있지만 이제 더는 싫어.

세바스찬 : 왜?

미아 : 왜 뭐?

세바스찬 : 왜, 더 이상 하려고 하지 않냐고?

미아 : 너무나 힘이 들어.

세바스찬 : 어린애 같이 굴고 있네.

미아 : 나 어린애 아니야.

세바스찬 : 맞거든.

미아 : 성장하려고 애쓰고 있어.

세바스찬 : 어린애처럼 울고 있잖아.

미아 : 절대 아니야. 아니거든.

세바스찬 : 내일 오후 5시 30분에 오디션이 있어. 아침 8시에 데리러 올 게. 나오든 말든 네가 알아서 해.

영화에서 세바스찬은 미아의 창의적인 재능의 문을 열어주기 위해 노력한다. "배우로서 너 자신만의 이야기를 만들어서 사람들에게 들려 줘.(Why don't you create your own stories to tell as an actress?)"라고 미아에게 여러 번 이야기한다.

음악이 없는 삶을 상상할 수 있나요?

미아는 오디션에 참석해 이야기를 만들어 연기하는 재주를 유감없이 발휘한다.

Mia : [During her audition] My aunt used to live in Paris. I remem-ber when she used to come home, and tell us··· these stories about being abroad. And··· I remember··· she told us once that she jumped into the river once. Barefoot. She smiled.
[sings]
Leapt without looking, / And tumbled into the Seine. / The water was freezing. / She spent a month sneezing, / But said

she would do it again. / Here's to the ones who dream, / Foolish as they may seem. / Here's to the hearts that ache. / Here's to the mess we make.

미아 : **(오디션이 시작된다.)** 이모는 파리에 사셨어요. 집에 종종 오셔서 외국에 살던 이야기를 해주시곤 했죠. 그리고 기억나는 이야기가 하나 있어요. 한 번은 세느강에 신발을 벗고 뛰어들었대요. 웃으면서 이야기했어요.

(노래한다.)

뒤돌아보지 않고 뛰어들었네/세느강에 첨벙/물은 너무 차가웠어/한 달 동안 재채기를 하며 지냈다네/하지만 언제든지 다시 할 용의가 있다고/꿈꾸는 자에게 바치는 노래죠/바보처럼 보일지라도/가슴이 아픈 사람에게 드리는 노래죠/우리가 만드는 모든 혼란 속에서도

미아의 연기와 노래의 재능을 알아본 제작자와 감독이 배우 혼자 출연하는 단독 뮤지컬 제작을 위해 그녀와 함께 파리로 가게 된다.

세바스찬도 너무 힘든 현실 때문에 재즈를 포기하고 팝 밴드에서 키보드 주자로 활동하기로 한다. 그런 세바스찬을 미아는 야단치며 격려한다.

Sebastian : I thought you wanted me to do this, it just sounds like now you don't want me to do it.

Mia : What do you mean, I wanted you to do this?

Sebastian : This is what you wanted for me.

Mia : To be in this band?

Sebastian : To be in a band, to have a steady job, you know to be⋯ you know.

Mia : Of course, I wanted you to have a steady job so that you could take care of yourself and your life and you could start your club.

Sebastian : Yeah, so I'm doing that, so I don't understand like why aren't we celebrating?

Mia : Why aren't you starting your club?

Sebastian : Well, no one likes jazz, not even you!

Mia : I do like jazz now because of you!

세바스찬 : 네가 원하는 일이 이런 것으로 생각했는데. 이제 네 이야기를 듣고 보니 네가 원하는 일이 아니네.

미아 : 네가 이런 일을 하기를 내가 원했다니 무슨 말이야?

세바스찬 : 이렇게 하기를 네가 원했다고.

미아 : 팝 밴드에 들어가는 일 말이야?

세바스찬 : 밴드에도 들어가고 안정적인 직업도 갖고, 그렇게 사는 일 말이야.

미아 : 맞아. 안정적인 일을 원했지. 그러면 인생도 생활도 안정되고 네가 원하는 밴드도 시작할 수 있으니까.

세바스찬 : 맞아 그래서 일을 하고 있잖아. 이 일을 왜 축하해주지 않는지 이해가 되지 않아.

미아 : 네 밴드는 왜 시작하지 않는 거야?

세바스찬 : 재즈를 좋아하는 사람이 없어. 너마저도.

미아 : 너 때문에 이제 재즈를 좋아한다고!

세바스찬도 재즈 음악과 함께 다른 음악도 하면서 자신의 음악 세계를 넓혀 나가며 사람들에게 인정받기 시작한다. 미아와 세바스찬은 서로 사랑하고 필요로 하는 사이지만 이제 서로 다른 길을 가야 한다.

세월이 흐른 후 전개되는 영화의 마지막 장면은 아름다운 음악과 함께 bittersweet(슬프고도 아름다운)라는 단어가 가장 적절하게 와닿는 장면이다. 마지막 10분을 보기 위해서라도 이 영화는 볼 이유가 있다.

독일의 위대한 철학자 프리드리히 니체(Friedrich Nietzsche)는 "음악이 없는 인생은 실수다.(Without music, life would be a mistake, 독일어 원어 : Ohne Musik wäre das Leben ein Irrtum.)"라는 유명한 말을 남겼다. 물론 니체가 말한 음악은 클래식 음악이었지만 이 말의 요지는 명확하다. 음악이 주는 즐거움과 위안이 없다면 우리의 삶은 무미건조하고 먼지만 풍기는 사건의 연속이라는 것에 누구도 이의를 제기하지 못할 것이다. 혹시 뮤지컬에 익숙하지 않은 사람도 행복하게 감상할 수 있는 멋진 영화다.

데이브
Dave, 1993
진짜 대통령

감독 이반 라이트만(Ivan Reitman)
각본 게리 로스(Gary Ross)
출연 케빈 클라인(Kevin Kline)
　　　시고니 위버(Sigourney Weaver)
　　　프랭크 란젤라(Frank Langella)

책임질 줄 아는 대통령이 그립다

〈고스트 버스터즈(Ghost Busters, 1984)〉로 유명한 이반 라이트만(Ivan Reit-
man) 감독의 1993년 코미디 정치 영화다. 재미있게 웃다 보면 어떤 사람
이 나라를 이끄는 지도자가 되어야 하는가에 대한 진지한 고민도 할 수
있다.

　대통령제 중심 국가에서 견제와 균형(Checks and Balances: 행정, 입법, 사법부가
서로를 견제하면서 권력이 한쪽으로 치우치는 현상을 막는 장치)이라는 제도에도 불구하고,
대통령의 권한은 막강하다. 국가의 정치와 경제, 안보의 현재와 미래를
좌우하는 결정을 수시로 내려야 한다. 대통령을 잘못 선출하여 그가 그

롯된 결정을 내리면 국민은 불행해지고 국가는 도탄에 빠진다.

영화에서 빌 미첼(Bill Mitchell) 대통령은 부도덕하고 부패한 대통령이다. 부인까지도 그를 경멸한다. 국민은 아직 그 사실을 모른다. 주위 참모들은 빌 미첼 권력의 달콤함을 누리는 비서실장, 밥 알렉산더[Bob Alexander, 프랭크 란젤라(Frank Langella) 분]을 중심으로 모두가 함께 대통령의 권력을 이용하며 돈을 부당하게 착복하고 온갖 부정을 저지르고 있다. 사실 역사를 조금만 살펴보면 부패한 지도자 옆에는 머리 좋고 권력의 단물을 즐기는 부정하고 사악한 참모가 반드시 있다.

데이브[Dave, 케빈 클라인(Kevin Klein) 분]는 시골에서 직업소개소를 운영하며 부지런히 사는 평범한 시민이다. 공교롭게도 데이브는 빌 미첼 대통령과 쌍둥이처럼 닮았고 자신도 대통령 흉내 내는 일을 즐긴다. 데이브는 비서실장 밥(Bob)의 눈에 띄어 대통령의 대역을 하게 된다. 대통령을 드러내야 하지만 진짜 대통령이 나서기 어려운 상황에서 대역으로 잠깐 얼굴을 보이는 일이 데이브의 임무다. 순진하며 애국자인 데이브는 나라를 위해 기꺼이 이 역할을 맡는다.

권력의 중독성은 마약보다 강하다

데이브가 대역하던 밤에 대통령이 불륜을 저지르다 뇌출혈로 식물인간이 되는 일이 벌어진다. 당연히 부통령이 대통령 권한을 대행해야 한다. 하지만 '정직한' 부통령을 싫어하던 비서실장은 대통령 연설 담당 비서인 앨런 리드(Allen Ree)와 공모해 데이브를 부추겨 계속 대통령을 맡게 하고 자신이 권력을 좌지우지하려고 한다.

Alan Reed : Bob, at some point we're gonna have to call the Vice President.

Bob Alexander : Don't call the Vice President.

Alan Reed : What?

Bob Alexander : Just don't call him, Al.

Alan Reed : The guy's in a coma, Bob!

Bob Alexander : I don't give a shit.

Alan Reed : Bob!

Bob Alexander : This is mine, Alan. All mine. I made him, I built him. And no Boy Scout is going to come in here and take it away from me, just because he happens to be Vice President of the United States.

앨렌(대통령 연설담당 비서) : 밥, 곧 부통령에게 통보해야 해요.

밥(비서실장) : 부통령에게 전화하면 안 돼.

앨렌 : 뭐라고요?

밥 : 전화하지 말라니까.

앨렌 : 대통령이 혼수상태인데도?

밥 : 그런 것 신경 안 써.

앨렌 : 밥 그게 무슨 말이에요?

밥 : 이 모든 권력은 사실 내 것이라고, 내 것. 내가 대통령도 만들었고. 그런데 앞뒤가 꽉 막힌 보이스카우트 같은 원칙주의자가 들어와서 단지 부통령이라는 이유만으로 이 모든 권력을 내게서 빼앗아 가겠다고?

그러나 처음에는 비서실장의 명령을 따라 대통령직을 수행하던 데이브가 대통령직의 중요성과 권력의 힘을 서서히 깨닫고 '바른' 결정을 내리려고 노력한다. 진짜 대통령 빌 미첼의 부인 엘렌 미첼은 데이브가 가짜라는 사실을 발견하지만, 데이브의 진심과 착한 마음에 끌려 데이브를 도우려 한다.

Ellen Mitchell : [after Dave reveals his true identity to Ellen] What do you do for a living?

Dave : You mean, when I'm not running the country?

Ellen Mitchell : Yeah.

Dave : I run a temp agency. You know, secretaries and stuff.

Ellen Mitchell : So you find people jobs.

Dave : Yes. [Ellen chuckles] What? What's so funny?

Ellen Mitchell : It's just, it's more than most people do around here.

앨렌 : (데이브가 자신의 정체를 앨렌에게 고백하고 난 후) 당신 원래 직업이 뭐죠?

데이브 : 내가 대통령 노릇을 하지 않을 때를 말하는 것이지요?

앨렌 : 그렇지요.

데이브 : 일용직 직업소개소를 운영해요. 비서나 그런 일을 소개하곤 하지요.

앨렌 : 그러니까 사람들 일자리를 찾아주는 일을 하네요.

데이브 : 그렇습니다. (앨렌은 소리 내어 웃는다.) 왜요? 뭐가 웃기나요?

앨렌 : 그냥요. 워싱턴에 있는 대부분 정치인보다 훌륭한 일을 하고 있네요.

데이브는 어린애들을 포함한 노숙인들의 숙소를 건설하기 위한 예산을 확보하기 위해 노력한다. 정부 각 부처의 예산을 줄이는 과정에서 상무부(Department of Commerce)의 차량 구매 홍보 예산을 삭감하는 것에 반대하는 장관을 설득한다.

Dave : I don't want to tell some eight-year-old kid he's gotta sleep in the street because we want people to feel better about their car. Do you want to tell them that?

Secretary of Commerce : [quietly] No sir. [sits back in his seat and re-flects] No I sure don't.

데이브 : 사람들이 자신이 구매한 차에 대해 더 좋은 기분을 느끼려고 여덟 살 아이에게 잘 곳이 없어서 길거리에서 자야 한다고 나는 말하고 싶지는 않아요. 장관은 그렇게 말하고 싶은가요?

상무 장관 : (조용히) 아닙니다. (뒤로 몸을 젖히고 생각에 잠긴다.) 절대 아닙니다.

데이브는 일자리 소개법 등 가난하고 소외당한 사람들을 돕기 위한 법률 제정 등에 힘쓴다. 특히 정부가 일하고 싶은 모든 사람에게 의무적으로 일자리를 제공해야 한다는 파격적인 법안을 제안하면서 다음과 같이 연설한다.

Dave : If you've ever seen the look on somebody's face the day they finally get a job, I've had some experience with this, they look like they could fly. And its not about the paycheck, it's about respect, it's about looking in the mirror and know-ing that you've done something valuable with your day. And if one person could start to feel this way, and then another person, and then another person, soon all these other prob-lems may not seem so impossible. You don't really know how much you can do, until you stand up and decide to really try.

데이브 : 나도 경험이 있어서 잘 압니다. 힘들게 살다가 일자리를 얻은 날 사람들의 얼굴을 보면 마치 하늘이라도 날 것 같지요. 꼭 월급 때문에 그러는 것은 아니에요. 자존심의 문제예요. 거울을 바라보고 오늘 정말 소중한 일을 해냈다는 마음이지요. 한 사람이 이렇게 느끼기 시작하면 다른 사람도 그렇게 되고 또 다른 사람도 그렇고, 이렇게 퍼져나가면 불가능하

게 보이던 다른 문제들도 그렇지 않음을 깨닫게 되는 것이지요. 여러분이 얼마나 큰일을 할 수 있는지 여러분은 모르고 있어요. 한 번 나서서 직접 해보기 전에는 여러분이 가지고 있는 능력을 모른다니까요.

부끄러운 줄 아시오

하지만 모든 일에는 끝이 있다. 많은 사람을 계속 속일 수는 없다. 데이브는 정치 현장에서 퇴장을 준비한다. 빌 미첼 대통령이 그동안 저지른 부정행위에 대해 의회에 나가(사람들이 자기를 빌 미첼로 믿고 있기 때문에) 사과한다.

Dave : I'd like to apologize to the American people. I forgot that I was hired to do a job for you… and it was just a temp job. And that… I forgot I had million people… who were paying me to make their lives a bit better. I didn't live up to my part of the bargain. you see? There are certain thing you should expect from your president. I had to care more about you than I do about me. I had to care more about…. I had to care more about…. what's right than I do about what's popular.

데이브 : 여러분에게 사과합니다. 내가 대통령에 선출된 것은 여러분을 위해 일하라는 뜻임을 망각했습니다. 사실 이 일도 정해진 시간만큼밖에 할 수 없는 일이지요. 그리고 수백만 사람들이 세금을 내서 내가 월급을 받았지만, 나의 일은 그 사람들의 삶을 더 낫게 만들어야 한다는 사실도 잊었군요. 여러분에게 약속했던 것을 지키지 못했습니다. 여러분이 대통

령에게 바라는 것들이 있습니다. 나는 나에게 신경 쓰는 일보다 여러분을 위해 최선을 다해야 했습니다. 인기 있는 일보다는 올바른 일을 해야 했지요.

이 정도 양심 있는 지도자만 있으면 참 좋겠다. 인기를 얻으려 일하기보다 나라와 국민을 위해 바른 일을 하는 대통령이 그립다.

2012년에 개봉되어 천만이 넘는 관객이 보았던 영화 〈광해, 왕이 된 남자〉 중 광해의 부재 중에 광해 역할을 했던 광대 하선의 대사다.

하선: (신하들은 광해로 알고 있다.) 적당히들 하시오, 적당히들! 대체 이 나라가 누구 나라요? 뭐라, 이 땅이 오랑캐에게 짓밟혀도 상관없다고요? 명 황제가 그렇게 좋으시면 나라를 통째로 갖다 바치시든가.

이조판서: 전하!!

하선: 부끄러운 줄 아시오! 좋소. 경들의 뜻대로 명에 2만의 군사를 파병하겠소. 그러나 나는 금에 서신을 보낼 것이오. 홍문관은 적어라. "명이 두려워 2만의 군사를 파병하였으나 금과는 싸움을 원치 않는다. 부디 우리 군사들을 무사히 조선으로 돌려보내 주시길 소원한다."

영의정: 전하, 사대의 명분을 저버리고 오랑캐들에게 손을 내밀다니요.

하선: 그깟 사대의 명분이 뭐요? 도대체 뭐길래 2만의 백성들을 사지로 내모는 것이오? 임금이라면, 백성들이 지아비라 부르는 왕이라면, 빼앗고, 훔치고, 빌어먹을지언정 내 그들을 살려야겠소. 그대들이 죽고 못 사는 '사대의 예'보다 내 나라 내 백성이 열 곱절 백 곱절은 더 소중하오!

영화 '광해'를 보면서 노무현 전 대통령을 떠올린 사람이 많았다. 2006년 12월 21일 노무현 대통령의 민주평화통일자문회의 제50차 상임위원회 전시작전통제권 관련 연설 중 일부다.

대한민국 군대들 지금까지 뭐 했노? 이거 지금, 나도 군대 갔다 왔고, 예비군 훈련까지 다 받았는데, 심심하면 사람한테 세금 내라 하고, 불러다가 뺑뺑이 돌리고 훈련시키고 했는데, 거 위에 사람들은 뭐 했어! 작전통제권 자기들 나라 자기 군대 작전통제도 한 개 제대로 할 수 없는 군대를 맨들어 놔 놓고 "나 국방장관이오!", "나 참모총장이오!" 그렇게 별들 달고 거드럭거리고 말았다는 얘깁니까? 그래서 작통권 회수하면 안 된다고 줄줄이 모여가지고 성명 내고. 자기들이 직무 유기 아닙니까? 부끄러운 줄 알아야지! 이렇게 수치스러운 일들을 하고… 작통권 돌려받으면 우리 한국군들 잘해요. 경제도 잘하고, 문화도 잘하고, 영화도 잘하고, 한국 사람들이 외국에 나가 보니깐 못하는 게 없는데, 전화기도 잘 만들고, 차도 잘 만들고, 배도 잘 만들고 못하는 게 없는데! 왜! 작전통제권만 왜 못 한다는 얘깁니까?(박수 소리)

부정하고 불공평한 세상을 향해 외치던 그의 목소리가 그립다.

그린북
Green Book, 2018
겉만 보고
속을 판단하는 어리석음

감독 피터 패렐리(Peter Farrelly)
각본 피터 패렐리(Peter Farrelly)
출연 비고 모텐슨(Viggo Mortensen)
　　　마허샬라 알리(Mahershala Ali)

피부색이 뭐라고

　관광이 아닌 거주 목적으로 미국에 가서 조금이라도 살아 본 사람들이라면 미국 사회 바닥을 무겁게 흐르는, 이해하기 힘든 두 현상을 만나게 된다. 총기 사용과 인종 차별이다. 사실 두 문제가 서로 연관이 있다. 미국은 19세기 후반에 5년간(1861~1865) 흑인 노예 해방으로 나라가 갈라져 전쟁을 치렀다. 당시 미국 전체 인구 3천만 명 중 60만 명 이상이 사망했다. 남쪽과 북쪽에 있는 주가 갈라져서 싸웠기 때문에 남북 전쟁이라고도 하지만 정식 명칭은 The Civil War(미국 내전)이다.

　1950년대 한국 전쟁도 같은 형제간의 비극적인 전쟁이었고 미국의 내전도 같은 나라의 각기 다른 주가 서로 비극적인 분쟁을 치렀다. 미국 내전의 이유는 정치와 경제 등 여러 이유가 있지만, 분쟁을 촉발한 근본 원인은 흑인 노예 문제. 미국인의 총기 소지는 자기 자신을 지키기 위한 수단으로 총기를 소지할 수 있다는 오래된 미국 헌법 개정안 2조(1791년)에 바탕을 두고 있다. 하지만 19세기 내전과 그에 따른 흑인 노예 해방에 대한 백인들의 불안감 또한 늘어나는 총기 소지와 사용에 영향을 주었다.

1863년 링컨 대통령은 흑인 노예 해방을 선언했고, 1868년과 1870년의 제14차와 15차 헌법 개정을 통해 피부색에 기인한 법적 차별과 투표권 차별을 철폐했다. 또 1964년 존슨 대통령은 인종 등 어떠한 차별도 금지하는 인권 법안(Civil Right Acts)을 발효했다. 이런 정치적인 노력에도 불구하고 흑인에 대한 차별은 아직도 존재한다. 물론 노골적으로 대놓고 차별하지는 않지만, 정치와 경제, 문화 여러 측면에서 흑인의 위치는 백인 아래에 있다.

이 영화의 시대 배경인 1962년도에는 이런 차별이 광범위하게 사회 여러 분야에 존재하고 있었다. 비폭력 인종 차별 운동을 전개한 마틴 루터 킹 목사의 역사적 워싱턴 연설 'I have a dream.(나는 꿈이 있습니다)'은 1963년 8월 28일이었으며 1964년 존슨 대통령의 인권 법안도 이 운동에 영향을 받았다.

넓은 농장에서 목화 농사 등 노동 집약적인 산업을 개발했던 남부에 있는 주들은 노동력으로 흑인 노예를 이용했다. 전쟁에 져서 노예 제도는 공식적으로 철폐됐지만, 흑인에 대한 차별은 상당 기간 지속됐다. 남부의 대표적인 대학교인 앨라배마 대학교(University Alabama, 개교 1831년)에 흑인 학생이 첫 번째로 입학한 해는 1963년이었다.

백인이 흑인 문전수?

이 영화는 실화에 바탕을 두고 있다. 천재 흑인 피아니스트 돈 셜리[Don Shirley, 마허샬라 알리(Mahershala Ali) 분]는 1962년 미국 남부에 피아노 순회 공연을 계획하고 이탈리아 이민자 아들인 토니 립[Tony Lip, 비고 모텐슨(Viggo Mortensen) 분]을 운전기사 겸 경호원으로 고용한다.

백인 토니 립은 본명이 토니 발레롱가(Tony Vallelonga)이지만 말이 너무 많아 Lip(입술)이라는 별명이 붙어 진짜 이름처럼 불리고 본인도 이 별명을 좋아한다. 흑인 셜리 박사는 박사 학위를 여러 개 취득한 엘리트 천재 피아니스트지만, 백인 토니는 교육도 제대로 받지 못하고 일이 마음에 안들면 말보다 주먹이 먼저 나가는 사람이다.

교양이나 학식 면에서 두 사람은 서로 비교도 되지 않는다. 그러나 1962년도에 남부에서는 흑인 셜리 박사는 백인과 식사도 함께하지 못하는 처지다. 이 당시 남부를 여행하는 흑인을 위한 숙소 안내서 이름이 이 영화의 제목인 그린 북(Green Book)이다.

Dolores:(reading) The Negro Motorist Green Book?
Lip : Lists all the places coloreds can stay down south. Like if you're traveling while black.
Dolores : Traveling while black?
Lip : Yeah. Like if you're black but you gotta travel for some reason.
Dolores : They got a special book for that?
Lip : I guess.

돌로레스**(토니 립 아내)**: 흑인 여행자용 그린 북?

토니: 남부에서 유색 인종들이 머물 수 있는 장소 모음집이야. 그러니까 흑인이지만 어쩔 수 없이 여행할 때 말이지.

돌로레스: 흑인이지만 어쩔 수 없이?

토니: 흑인이지만 정말 어쩔 수 없이 여행해야 할 일이 있을 수 있잖아.

돌로레스: 그런 경우를 위해서 안내서까지 있다고?

토니: 글쎄 말이야.

그러나 북쪽 출신인 백인 토니 립도 남부의 백인과 잘 어울리지 못한다. 오래전의 남북 전쟁의 여파가 아직도 남아 있기도 하고, 상대적으로 북부 출신들은 경제적으로 뒤처진 남부 시골 출신 사람들을 경멸하기까지 한다.

Tony Lip: I don't make the rules down here.

Dr. Don Shirley: No? Then who does?

Tony Lip: You're saying just 'cause I'm white and they're white? You know, that's a very prejudiced thing you just said there. A very prejudiced thing. I got more in common with the Hymies at 2nd Avenue Deli than I do with these hillbilly pricks down here.

토니: 이곳 남부에서 어떻게 지내야 하는지 규칙은 내가 정하지 않아요.

셜리 박사: 아니라고? 그럼 누가 정하나요?

토니: 나도 백인이고 저들도 백인이니 그렇게 말하는 거죠? 그렇게 말하는 그것조차 선입견에 가득찬 말이라고요. 정말로 편견에 찬 말이지요. 북부에 있는 식당 주인들과 비슷하면 했지 이곳 남부의 촌놈들하고는 어울릴 수가 없어요.

당시 미국 사람들은 피부 색깔로 우월한 사람과 그렇지 않은 사람을 나누고, 그렇게 믿고 행동했다. 그러나 세상은 사람들이 임의로 나눈 상태로 돌아가지 않는다. 피부색에 상관없이 사람들은 열심히 살고 또 힘든 일을 극복하려고 애쓴다.

그래도 희망은 있다

사람들의 생사화복에 피부색은 큰 힘을 쓰지 못한다. 그냥 겉모양만 다를 뿐이고, 현재 상태에 이르기까지 역사와 경험의 차이만 존재한다. 토니 립과 셜리 박사는 논쟁을 벌이다가 자신들의 약점을 다 드러낸다.

Tony Lip : Bullshit! I know exactly who I am. I'm the guy who's lived on the same block in the same Bronx my entire life, with my mother and father and my brother, and now my wife and kids. That's it--that's who I am. I'm the asshole who's gotta hustle every goddamn day to put food on my table. You? Mr. Big Shot? You travel around the world and live on top of a castle and do concerts for rich people! I live on the streets, you sit on a throne—so yeah, my world is way more blacker than yours!

토니 : 웃기는 소리 하지 말아요. 나는 내가 어떤 사람인지 정확하게 알고 있어요. 똑같은 브롱스 같은 거리에 평생 살았어요. 어머니와 아버지, 동생과 함께요. 이제는 아내와 아이들과 함께 살지요. 이게 나라고요. 하루하

루 정말 별 험한 짓을 다 해가면서 가족들을 먹여 살리고 있지요. 당신은? 대단한 인물이죠. 세계를 돌아다니며 성 같은 건물 제일 위층에 살고(셜리 박사는 뉴욕 카네기홀 제일 위층에 산다) 부자들을 위해 연주하잖아요. 나는 거지처럼 살지만 당신은 왕처럼 살잖아요. 그러니까 내가 사는 세상은 당신 사는 세상보다 훨씬 더 흑인들이 사는 세상에 가깝다고요.

Dr. Shirley : Yes, I live in a castle! Alone. And rich white folks let me play piano for them, because it makes them feel cultured. But when I walk off that stage I go right back to being another nigger to them—because that is their true culture. And I suffer that slight alone, because I'm not accepted by my own people, because I'm not like them either! So if I'm not black enough, and I'm not white enough, what am I?

셜리 박사 : 맞아요. 나는 성 같은 저택에 혼자 살고 있지요. 그리고 부자 양반들은 내게 피아노를 연주하게 하면서 교양 있는 척하죠. 하지만 무대를 내려오면 나는 그 사람들에게 또 다른 검둥이로 돌아오는 거예요. 백인들의 문화에서는 그게 당연한 일이니까요. 그리고 나는 외톨이예요. 같은 흑인들은 내가 그들과 달라서 나를 같은 부류라고 생각하지 않으니까요. 그러니까 나는 흑인도 아니고 백인도 아니고, 도대체 뭐죠?

그래도 셜리 박사는 폭력으로는 문제를 해결할 수 없음을 잘 알고 있다. 마치 마틴 루터 킹 목사가 시간은 걸렸지만 비폭력 시위로 흑인들의 인권을 회복한 것처럼.

Dr. Shirley : You don't win with violence, Tony, you win when you maintain your dignity.

셜리 박사 : 폭력으로 승리할 수는 없어요, 토니. 정의롭고 꿋꿋하게 대처해야 이길 수 있어요.

두 사람은 함께 여행하고 어려움을 극복하며 서로 간의 문화와 인종의 차이를 넘어서 깊은 우정을 쌓아간다. 토니 립이 셜리 박사의 연주에 충고할 정도로 둘은 가까워진다.

Tony Lip : I dunno. Personally I think if you stuck to the classic stuff it would've been a big mistake.
Dr. Don Shirley : A mistake? Performing the music I trained my entire life to play?
Tony Lip : Trained? What are you, a seal? People love what you do! Anyone can sound like Beethoven or Joe Pan or them other guys you said. But your music, what you do? Only you can do that!
Dr. Don Shirley : Thank you, Tony. But not everyone can play Chopin. Not like I can.

토니 : 잘 모르긴 하지만 클래식 음악만 계속 고집하는 일은 큰 실수 같아요.
셜리 박사 : 실수? 내가 평생 훈련받은 곡을 연주하는 일이?
토니 : 훈련? 당신이 뭐 묘기 부리라고 훈련받는 물개라도 되나요? 베토벤이나 그 뭐냐 쇼팽인지 뭔지 같은 연주는 할 수 있을지 모르지만 지금 하는 음악은 당신만이 할 수 있어요.
셜리 박사 : 고마워요, 그렇지만 나처럼 쇼팽을 잘 연주할 수 있는 사람은 아무도 없어요.

실제로도 두 사람은 계속 친구로 지내며 함께 연주 여행을 다니다가 2013년도에 몇 달 차이로 세상을 떠난다. 피부색이 다른 이유로 사람을 차별하는 일은 이제 없어져야 하겠지만, 사람의 본성이 바뀌지 않는 한 그렇게 쉬운 일은 아닐 것이다.

이 영화는 이런 힘든 일을 어떻게 시작해야 하는지에 대한 실마리를
제공하고 있다. 잘 만든 영화다.

페노메논
Phenomenon, 1996
사랑은 변치 않고

감독 존 터틀타웁(Jon Turteltaub)
각본 제랄드 디 페고(Gerald Di Pego)
출연 존 트라볼타(John Travolta)
      카이라 세드윅(Kyra Sedgwick)
      포레스트 휘테커(Forest Whitaker)

설명할 수 있나요?

사람들은 불확실한 일(uncertainty)이나 모호한 상황(ambiguity)을 잘 견디지 못한다. 이해되지 않는 일이 생기면 설명 불가능한 현상(inexplicable phenomenon)이 발생했다는 말로 넘어가려고 한다. 우리가 설명하지 못한다고 그런 일이 생기지 않은 것도 아니다. 또 설명하고 이해를 한다고 해도 상황이 바뀌거나, 우리의 지식이 축적되면 얼마든지 달라질 수도 있는 일이기 때문이다. 그러나 상황이 변하거나 지식을 습득하는 데도 퇴색되지 않고 영향받지 않는 가치가 있다면 그것은 '사랑'이다.

영화에서 착한 성품을 가진 조지 말리(George Malley)에게 설명할 수 없는 현상이 생긴다. 조지는 북 캘리포니아 시골에서 자동차 정비 공장을 하면서 거의 모든 동네 사람들과 형제처럼 지내는 사람이다. 흔히 말하는 법이 없어도 살 사람은 조지를 가리키는 말이다. 절대적으로 착한 사람이라는 말은 논리적으로 윤리적으로 성립하지 않는다. 하지만 조지는 다른 사람을 배려하는 마음이 크고 의도적으로는 절대로 다른 사람의 마음을 상하게 하지 않는다.

밤중에 친구들과 생일 파티 중 잠깐 밖에 나온 조지는 하늘에서 별이 폭발하듯 밝게 빛나는 현상을 목격하고 잠시 정신을 잃는다. 이 일 이후 조지에게 이해할 수 없고 놀라운 능력이 생긴다. 뛰어난 두뇌 능력을 갖추게 된 것이다. 예를 들어 두꺼운 포르투갈어 회화책을 보면서 처음 배우는 포르투갈어를 20분 안에 익혀 포르투갈 사람들과 전혀 어려움 없이 이야기를 나눈다.

Bonnie : George Malley! You learned the Portuguese language in 20 minutes?
George Malley : Not all of it.
바니 : 조지 말리! 포르투갈어를 20분 안에 다 익혔다는 말이야?
조지 : 완벽하지는 않아.

조지와 형제처럼 친하게 지내던 동네 사람들은 자신들과 달라진 조지를 피한다. 자신들이 이해할 수 없는 현상을 경험하고 그 현상의 주인공이 된 조지를 두려워한다. 대부분의 사람들은 자신과 다른 사람들을 이해하지도 못하고 받아들이지도 못한다.

재능을 자산으로만 이해하는 사람들

조지의 뛰어난 두뇌 능력은 금방 소문이 난다. 미국 정부에서도 조지의 능력을 확인하기 위해 사람을 보낸다. 조지의 인지 능력이 확인되면 미국 정부의 '자산'으로 활용할 예정이다.

Dr. Bob Niedorf : All right, I'll start the questions, and I'll be timing your responses, and we'll be recording. Any questions?

George Malley : What's your first name?

Dr. Bob Niedorf : Uh, my first name is Bob.

[George reaches across the wide table to shake hands]

George Malley : Shoot.

Dr. Bob Niedorf : Answer as quickly as you can··· how old is a person born in 1928?

[starts stopwatch]

George Malley : Man or a woman?

Dr. Bob Niedorf : [stops stopwatch and pauses] Why?

George Malley : Specifics, Bob.

Dr. Bob Niedorf : Okay, one more time. How old is a MAN born in 1928?

[starts stopwatch]

George Malley : Still alive?

Dr. Bob Niedorf : [stops watch, pauses, nods] If a man is born in 1928, and he's still alive, how old is he?

[starts stopwatch]

George Malley : What month?

Dr. Bob Niedorf : [stops stopwatch] If a man was born October

3rd, 1928, and he's still alive, how old is he?

[starts stopwatch]

George Malley : What time?

Dr. Bob Niedorf : [stops stopwatch] 10 o'clock… PM!

[starts stopwatch]

George Malley : Where?

Dr. Bob Niedorf : [stops stopwatch; now impatient] Anywhere!

George Malley : Well, let's get specific, Bob! I mean, if the guy's still alive, born in California, October 3rd, 1928, 10 PM, he's 67 years, 9 months, 22 days, 14 hours, and….

[takes Bob's hand to see his wristwatch]

George Malley : … and 12 minutes. If he was born in New York, he's 3 hours older, now isn't he?

니도프 박사 : (미 정부 파견 인지 능력 검사 담당자) 좋아요. 응답 시간을 재면서 녹음하도록 할게요. 질문 있나요?

조지 : 이름이 뭐지요?

니도프 박사 : 내 이름은 밥입니다.

(조지는 손을 내밀어 악수를 청한다.)

조지 : 자 준비됐습니다.

니도프 박사 : 할 수 있는 한 빨리 대답해 주세요. 1928년에 태어난 사람은 지금 몇 살이지요?

(스톱워치를 시작한다.)

조지 : 남자인가요? 여자인가요?

니도프 박사 : (스톱워치를 멈춘다.) 왜요?

조지 : 확실하게 해야죠.

니도프 박사 : 좋아요. 한 번 더 갑니다. 1928년에 태어난 남자는 지금 몇 살이지요?

(스톱워치를 시작한다.)

조지 : 아직 살아 있나요?

니도프 박사 : (스톱워치를 멈추고 고개를 끄덕인 후에) 1928년에 태어난 남자가 아직 살아 있다면 몇 살인가요?

(스톱워치를 시작한다.)

조지 : 몇월에 태어났나요?

니도프 박사 : (스톱워치를 멈춘다.) 어떤 남자가 1928년 10월 3일에 태어났고 아직 살아 있다면 몇 살인가요?

(스톱워치를 시작한다.)

조니 맬리 : 몇 시에 태어났지요?

니도프 박사 : (스톱워치를 멈추고) 밤 10시요.

(스톱워치를 시작한다.)

조지 : 어디서 태어났나요?

니도프 박사 : (스톱워치를 멈추고 참을성을 잃은 표정으로) 상관없어요.

조지 : 밥, 정확하게 합시다. 만일 이 남자가 아직 살았고 1928년 10월 3일에 캘리포니아에서 태어났으면 이 사람 나이는 67세하고 9개월 22일 14시간이고요

(밥이 차고 있는 시계를 들어 살핀다.)

조지 : 그리고 12분이네요. 만일 뉴욕에서 태어났다면 3시간 더해야 하고요. 그렇죠?

조지는 자신이 원하지 않는 능력 때문에 미국 정부가 계속 감시하자 친구들은 떠나간다. 조지를 어릴 때부터 가까이서 아버지처럼 돌보아준 의사인 닥[Doc, 영화에서는 진짜 이름은 나오지 않고 의사를 뜻하는 Doctor의 줄인 말인 닥(Doc)이라고 사람들이 부른다]은 조지를 괴물인 양 피하는 동네 사람들을 훈계한다.

Doc : [after hearing several of the townsfolk openly disparage George in the Bar] Why do ya have to tear him down? What are ya so afraid of? What have you got to lose? He wasn't selling anything! He

didn't want anything from anybody! He wanted nothing from nobody! Nothing! And you people have to tear him down so you can sleep better tonight! So ya can prove that the world is flat and ya can sleep better tonite! Am I right? Am I right?··· I'm right··· The Hell with all of ya. The Hell with everyone of ya.

닥 : (동네 사람들이 조지에 대해 대놓고 험담하는 현장을 목격하고) 왜 다들 조지를 못 잡아먹어서 난리야? 뭐가 무서운 거야? 너희들이 손해 볼 게 뭐가 있다고? 조지가 뭘 사달라는 것도, 무엇을 해달라고 부탁한 것도 아니고, 아무것도 원한 것이 없잖아. 그런데도 조지를 이리도 짓밟아 놓고 오늘 편히 자려고 그러는 거야? 엉터리 같은 주장만 늘어놓고는 편히 자려고 하는 거야? 안 그래? 모두 부끄러운 줄 알아!

내가 함께 있을게요

열심히 살던 조지는 갑자기 쓰러져 병원에 실려 간다. 정밀 검사 끝에 조지의 뇌에서 큰 암을 발견한다. 그리고 그 큰 암이 조지의 뇌 기능을 최대한 자극해 큰 능력을 발휘한 것이 밝혀진다. 암이 워낙 크고 넓게 퍼져서 치료는 불가능하다.

Doc : Let's see, uh··· George··· George··· there's a tumor in your brain, that's spread out like a hand, threads of it, you know, everywhere. But instead of dysfunction - now here's the mystery, George. Instead of destroying brain function, so far it's been stimulating it. We can't understand that. You have more area of active brain use than anybody ever tested - ever

- because of those tentacles. I mean, we've seen tumors like this before. it's called astrocytoma. And it explains, uh, the dizziness, and⋯ the illusion of light. But the way it's in there, waking up areas of the brain, it's a⋯ big mystery. So⋯.

George Malley : And it's killing me.

닥 : 그러니까⋯ 조지⋯ 네 뇌 속에 종양이 있어. 마치 손가락 모양처럼 뇌 구석구석 다 퍼져 있어. 그런데, 정말 신기하게도, 뇌가 작동을 멈춘 대신에 종양이 뇌를 자극하고 있는 거야. 이해할 수가 없어. 이제까지 살았던 어떤 사람들보다 뇌가 훨씬 더 활성화되어 있는 거야. 그놈의 구석구석 퍼진 종양 때문에. 이런 종양은 병명이 별아종 세포종이라고 알려졌지. 그러니까 네가 어지럽고 빛이 보이고 하는 현상이 이것 때문에 일어난 거야. 그렇지만 어떻게 뇌의 모든 영역을 깨운 것인지는 알 도리가 없어.

조지 : 그리고 그놈이 나를 죽이고 있군요.

초능력을 발휘하던 조지이지만 이제 시한부 인생이 된 그의 곁에 남은 사람은 없다. 그러나 절망의 순간에 사랑은 힘을 발휘한다. 조지가 평소에 짝사랑하던 아이 둘 달린 이혼녀 레이스만이 조지를 이해하고 그의 곁을 지켜준다.

George Malley : Now, uh⋯ he didn't say how long.

Lace Pennamin : Days, or weeks⋯ they don't, they don't know.

George Malley : I'm so sorry, Lace. I know how you hate surprises.

Lace Pennamin : I tried so hard not to love you.

George Malley : How'd you make out?

Lace Pennamin : Terrible.

[they chuckle]

George Malley : Hey, would you, uh, love me the rest of my life?

Lace Pennamin : No. I'm gonna love you for the rest of mine.

조지 : 얼마나 오래 버틸 수 있을지 의사가 말해주지는 않았어.

레이스 : 며칠이 될지 몇 주일이 될지, 그 사람들이 뭘 알겠어.

조지 : 미안해 레이스. 당신은 깜짝 놀라는 일을 얼마나 싫어하는지 잘 아는데.

레이스 : 당신을 사랑하지 않으려고 얼마나 애썼는지 몰라.

조지 : 잘 되던가요?

레이스 : 제대로 될 리가 있겠어요?

(둘이 같이 웃는다.)

조지 : 내가 살아 있는 동안 만큼은 나를 사랑해줄래요?

레이스 : 아니. 내가 살아있는 내내 당신을 사랑할 거예요.

위대한 정치가이자 과학자이며 미국 건국의 선구자인 벤저민 프랭클린(Benjamin Franklin, 1706-1790)은 죽음과 세금 말고는 확실한 것은 아무것도 없다(Nothing is certain except death and taxes)고 말했다. 죽음 앞에서 모두가 평등하다. 조지처럼 사랑받으며 세상을 마칠 수 있기를 바란다.

스타 이즈 본
A star is born, 2018
태어나는 별, 사라지는 별

감독	브래들리 쿠퍼(Bradley Cooper)
각본	에릭 로스(Eric Roth)
	브래들리 쿠퍼(Bradley Cooper)
	윌 페터스(Will Fetters)
출연	레이디 가가(Lady Gaga)
	브래들리 쿠퍼(Bradley Cooper)
	샘 앨리어트(Sam Elliott)

재능은 하늘에서 주지만

전쟁 영화 〈아메리칸 스나이퍼(American Sniper, 2014)〉 주연으로 유명한 브래들리 쿠퍼(Brdley Cooepr)의 첫 감독 영화다. 〈스타 이스 본(A star is born)〉 제목의 영화는 1937년에 최초로 제작되었고 1954년과 1976년, 2018년도에 다시 제작되었다.

각 영화의 이야기 전개나 배경은 다르지만 주제는 비슷하다. 무명 여성 배우나 가수가, 전성기가 지나 알코올이나 약물 중독에 빠진 남성의 도움을 받아 출세한다는 신데렐라 이야기다.

공통적으로 자신이 사랑하는 여성을 출세시킨 후에 남자 주인공들은 중독에서 벗어나지 못하고 스스로 무너져 내린다. 자신은 희생되고, 자신이 전성기를 누리던 인기와 스포트라이트를 사랑하는 여성에게 물려주고 사라져 버리는 것이다.

제목을 '스타 이스 본(A star is born, 스타는 태어난다)'이라고 표현한 점도 흥미롭다. 훈련과 교육으로 스타가 만들어지기도 하지만 가장 중요한 점은 누구에게나 사랑받는 스타가 될 사람은 그 재능을 타고난다. 그러나 정작 자신은 이를 모르고 있다가 우연히 만난 다른 사람에 의해 그 재능이 발견된다는 이야기를 담고 있어서 '스타는 태어난다'라는 제목이 붙여진 것이 아닐까.

브래들리 쿠퍼(Bradley Cooper)는 함께 출연한 레이디 가가(Lady Gaga)의 끈질긴 권유로 영화에서 실제로 기타 치며 노래한다. 이를 위해 1년 8개월 이상 보컬 트레이닝을 받았다고 한다.

영화에서 브래들리 쿠퍼는 실력은 있지만 이제는 전성기를 넘기고 있는 컨트리 가수 잭슨 메인(Jackson Maine) 역을 맡고 있다. 잭슨 곁에는 이복형인 바비[Bobby, 샘 엘리엇(Sam Elliott) 분]가 매니저로 돌봐주고 있다.

잭슨은 음악 재능을 아버지로부터 받았지만 알코올 중독도 물려받았다. 오랜 가수 생활 끝에 알코올 의존증이 심해지고 마약 등 약물까지 복용한다. 또 오랜 무대 생활로 귀에 이명이 생기고 몸 여기저기가 고장 나기 시작한다.

몸이 불편할 때마다 술을 마셔 이를 넘기려는 전형적인 알코올 의존증의 악순환을 겪고 있다. 알코올 의존증이 생기면 뇌 신경이 심하게 손상되어 뇌가 알코올에 의존하도록 변하여 다량의 알코올을 계속 마셔야 하는 악순환 중독 상태가 된다.

"한 잔은 너무 많지만 천 잔은 너무 적다." 이 말은 알코올 의존증 환자들이 재활 모임(AA, Alcoholics Anonymous)에서 많이 듣는 말이다. 한 잔만

마셔도 의존 증상이 재발하니 절대 마시지 말아야 하지만, 일단 재발하면 술을 아무리 퍼마셔도 만족하지 못한다는 이야기다. 알코올 중독자들은 모두 이 말을 잘 알고 있지만, 술을 끊지 못한다.

성경도 술의 해로움과 술 끊기의 어려움이 명확하게 묘사되어 있다.

Do not look on the wine when it is red, When it sparkles in the cup, When it goes down smoothly; At the last it bites like a serpent And stings like a viper. Your eyes will see strange things And your mind will utter perverse things. And you will be like one who lies down in the middle of the sea, Or like one who lies down on the top of a mast. "They struck me, but I did not become ill; They beat me, but I did not know it When shall I awake? I will seek another drink."(Proverbs 23:31-35)

포도주는 붉고 잔에서 번쩍이며 순하게 내려가나니 너는 그것을 보지도 말지어다. 그것이 마침내 뱀같이 물 것이요 독사같이 쏠 것이며, 또 네 눈에는 괴이한 것이 보일 것이요, 네 마음은 구부러진 말을 할 것이며, 너는 바다 가운데에 누운 자 같을 것이요, 돛대 위에 누운 자 같을 것이며, 네가 스스로 말하기를 사람이 나를 때려도 나는 아프지 아니하고, 나를 상하게 하여도 내게 감각이 없도다. 내가 언제나 깰까 다시 술을 찾겠다 하리라.(잠언 23:31-35)

내가 도와줄게요

잭슨은 술집에서 앨리[레이디 가가 (Lady Gaga) 분]의 노래를 우연히 듣게 되고 앨리에게 가수의 재능이 있다고 설득한다.

Jackson : Look, talent comes everywhere. Everybody's talent-ed, fxxxing everyone in this bar is talented at one thing or another. But having something to say and a way to say it so that people listen to it, that's a whole other bag. And unless you get out and you try to do it, you'll never know. That's just the truth. And there's one reason we're supposed to be here is to say something so people want to hear. Don't you under-stand what I'm trying to tell you?

Ally : Yeah, I do. I don't like it, but I understand it.

Jackson : Oh, I think you like it a little bit.

잭슨 : 잘 들어봐요. 누구나 재능이 있어요. 재능 있는 사람은 널려 있지요. 이 술집에 있는 모두 다 최소한 한 가지는 남들보다 뛰어난 부분이 있어요. 하지만 뭔가 말할 내용이 있고 그 말을 다른 사람에게 제대로 전달할 방법이 있다는 이야기는 전혀 다른 이야기예요. 그리고 세상에 나가서 직접 해보지 않으면 알 길이 없어요. 이 말이 진리예요. 그리고 오늘 우리가 여기에 함께 있게 된 것도 앞으로 사람들이 당신 음악을 듣게 하려는 일이 생겼기 때문이에요. 내가 무슨 말을 하는지 알겠어요?

앨리 : 알아요. 별로 맘에는 들지 않지만 무슨 말인지는 알겠어요.

잭슨 : 글쎄요. 당신도 조금은 좋아하는 것 같은데요.

　잭슨의 노력과 도움으로 엘리의 재능은 여러 사람에게 알려지게 된다. 특히 능력 있는 신인을 발굴하여 스타로 키우는 데 발군의 재주가 있는 유능한 프로듀서 레즈 가브론이 앨리에게 함께 음악 작업할 것을 제안한다. 이 제안을 받아들인 앨리는 가수로써 승승장구한다.

Rez Gavron : What you have right now goes way beyond just this. There's people who need to hear what you have to say musically. It's not normal stuff. It's really amazing what you're doing. I think you have it all, I do. The question to you is, what do you want?

레즈: 당신에게 있는 재능은 지금 당신이 출연하는 무대로는 어림도 없어요. 당신이 음악으로 풀어내는 멋진 이야기를 더 많은 사람이 들어야 해요. 당신의 재능은 평범하지 않아요. 정말 놀랍다니까요. 당신은 온갖 재능을 가지고 있어요. 정말이에요. 이제 당신이 결정해야 해요. 당신이 원하는 것은 무엇이죠?

프로듀서 레즈는 앨리를 위해 여러 기회를 만든다. 잭슨도 앨리가 가수로 활동할 수 있도록 모든 노력을 기울인다. 둘은 결혼까지 한다. 잭슨은 앨리에게 겉으로는 화려해 보이지만 너무나 힘든 가수 생활을 어떻게 해야 하는지에 대해 충고도 해준다.

세상에 영원한 것은 없다.

Jackson: If I don't say this then I'll never forgive myself.
Ally: What….
Jackson: If you don't dig deep into your fxxxxing' soul you won't have legs. I'm just telling you that. If you don't tell the truth out there you're fxxxed. All you got is you and what you have to say to people and they are listening right now and they are not going to be listening forever. Trust me. So you gotta grab it and you don't apologize or worry about why

they're listening or how long they're gonna be listening for. You just tell them what you want to say.

잭슨 : 이 말을 안 하면 후회하게 될 것 같아.

앨리 : 뭔데?

잭슨 : 정말 영혼의 모든 것을 다 끌어내야 두 발로 설 수 있어. 사람들에게 진실을 말하지 않는 순간 모든 것은 끝장이야. 믿을 것은 너 자신밖에 없는 거야. 지금은 사람들이 당신에게 주목하지만, 사람들이 영원히 당신 곁에 있는 것은 아니거든. 기회가 있을 때 잡고, 사소한 일로 사과도 할 필요가 없고, 왜 당신 노래를 사람들이 듣는지, 얼마나 오래 들을지 등도 생각하지 말고. 하고 싶은 말을 관중들에게 하면 되는 거야.

잭슨은 전성기를 지나 이제 사람들에게 잊혀가는 스타고, 앨리는 이제 떠오르는 스타다. 세상에 영원한 것은 아무것도 없다. 겉으로는 너무나 화려해 보이는 가수들의 세계도 전성기가 지나 버리면 쓸쓸히 잊혀 버린다. 잭슨은 사랑하는 앨리에게 그 속성을 알려주고 싶었다.

잭슨은 알코올 중독 때문에 술을 너무 마셔 사람들 앞에서 계속 실수한다. 앨리의 시상식에서조차 큰 실수를 저지르자 앨리는 큰 어려움에 빠진다. 화가 난 프로듀서 레즈는 알코올 중독 치료 센터에서 술을 끊기 위해 치료 중인 잭슨을 찾아온다.

Rez Gavron : We're not exactly friends here. While you've been away we've been back here in serious triage trying to clean up your fxxxing mess. Barely finding our way through it. You almost single-handedly derailed her whole career, do you understand that? She's never going to say this to you. She loves you too much.

레즈 : 이 말은 당신 친구로서 하는 이야기가 아니요. 당신이 이곳에 있는

동안 당신이 저지른 끔찍한 실수를 처리하기 위해 얼마나 고생했는지 짐작조차 못 할 거요. 힘만 들지 아직 돌파구는 보이지도 않아요. 앨리 가수 인생을 당신 혼자서 거의 박살 낸 거예요. 알고는 있어요? 앨리는 이런 이야기를 당신에게 하지는 않을 거요. 당신을 너무 사랑하니까.

잭슨은 알코올 중독자인 자신의 존재가 앨리의 경력에 도움이 되지 않는다고 판단한다. 잭슨의 이복형 바비가 절망에 잠겨 있는 앨리에게 다시 일어나 노래하라고 재촉하며 말한다.

Bobby : Jack talked about how music is essentially twelve notes between any octave. Twelve notes and the octave repeats. It's the same story told over and over, forever. All any artist can offer the world is how they see those twelve notes. That's it. He loved how you see them.

바비 : 잭슨은 음악이란 옥타브 사이에 12음계가 그냥 되풀이되는 것에 지나지 않는다고 이야기했어. 같은 이야기가 영원히 계속 되풀이되는 거야. 어떤 가수건 세상에 던질 수 있는 것은 이 12음계를 어떻게 보고 생각하고 다루고 있는가 하는 점이야. 잭슨은 네가 음악으로 세상을 바라보는 방법을 사랑했어.

잭슨은 갔지만 이제 앨리가 남아 음악을 사랑하는 사람들에게 자신이 12음계로 어떻게 음악을 만들어 내는지 보여줄 차례다.

이 영화를 보면서 생각나는 가수가 있다. 1994년 27세의 나이로 세상을 떠난 그룹 너바나(Nirvana)의 리더 가수인 커트 코베인(Kurt Cobain)이다. 누구도 갖지 못한 음악적 재능으로 남들이 부러워하는 명성을 얻었지만 어려서 얻은 내면의 상처를 극복하지 못해 마약에 중독되고 우울증에 시달리다 자살로 세상을 마감했다.

어떻게 사는 삶이 올바른 삶일까? 하늘이 내린 재능이 있다면 그 재능을 주신 분께 감사하며, 겸손하게 나의 재능을 다른 사람을 위해 어떻게 사용할까 진지하게 생각하며 살아가야 한다고 생각한다. 인생 계획에 대한 실행은 전적으로 절대자에게 의뢰해야 한다.

사람이 마음으로 자기의 길을 계획할지라도 그의 걸음을 인도하시는 이는 여호와시니라.(잠언 16:9)

In his heart a man plans his course, but the LORD determines his steps.(Proverbs16:9)

이보다 더 좋을 순 없다
As good as it gets, 1997
더 나은 사람이 되고 싶어졌어요

감독	제임스 L. 브룩스(James L. Brooks)
각본	마크 앤드러스(Mark Andrus) 제임스 L. 브룩스(James L. Brooks)
출연	잭 니콜슨(Jack Nicholson) 헬렌 헌트(Helen Hunt) 그렉 키니어(Greg Kinnear)

이상한 성격의 남자

  1997년에 개봉한 〈이보다 더 좋을 순 없다(As good as it gets)〉는 잭 니콜슨(멜빈 유달)과 헬렌 헌트(캐롤 카닐리)가 열연하여 큰 성공을 거두었다.

  인기 여성 로맨스 소설 작가인 멜빈은 심한 강박 장애(obsessive compulsive disorder) 환자다. 식당에 갈 때도 자신이 쓸 포크와 나이프를 가지고 다닐 정도로 정해 놓은 작은 질서와 순서(routine)에서 조금이라도 벗어나는 일은 하지 못한다.(예를 들어 문을 열 때 꼭 자물쇠를 세 번 돌려서 열거나 한 번 쓴 비누는 버리는 등) 게다가 강박증 때문인지 성격까지 이상해서 자신의 감정을 누르고 숨기지 못하며 남의 심정을 상하게 하는 말(감추고 싶은 약점 등)을 아무 거리

낌 없이 해서 주위에 좋아하는 사람이 아무도 없다.

같은 아파트 옆집에 사는 사이몬[Simon, 그랙 키니어(Greg Kinnear)분] 이 애지중지 키우던 강아지가 사라져 찾으러 다니던 중에, 집에서 소설 작업을 하던 멜빈의 집 문을 두드리자 화가나 뛰어나온 멜빈이 사이몬에게 소리친다.

Melvin Udall : Never, never, interrupt me, okay? Not if there's a fire, not even if you hear the sound of a thud from my home and one week later there's a smell coming from there that can only be a decaying human body and you have to hold a hanky to your face because the stench is so thick that you think you're going to faint. Even then, don't come knocking. Or, if it's election night, and you're excited and you wanna celebrate because some fudge packer that you date has been elected the first queer president of the United States and he's going to have you down to Camp David, and you want someone to share the moment with. Even then, don't knock. Not on this door. Not for ANY reason. Do you get me, sweetheart?

Simon Bishop : [clears his throat] Uhm, yes. It's not a⋯ subtle point that you're making.

Melvin Udall : Okay then.

[Shuts door in Simon's face]

멜빈 : 절대로, 절대로, 나를 방해하지 말라고. 알아듣겠어? 불이 나도 방해하지 말고, 내 방에서 쿵 하는 소리가 들려도, 사람의 시체 썩는 냄새가 일주일쯤 지나 악취가 풍겨 손수건으로 코를 막고 기절할 지경이 되어도 내 집에 노크도 하지 말라고. 아니면 선거 개표가 진행되고 있는 상황에서 네가 데이트하고 있는 애인(사이몬은 동성연애자다)이 게이로서는 처음으로 대통령으로 선출되어 자네를 캠프 데이비드 대통령 별장으로 데리고 가려고 한다면 자네는 이 기쁜 소식을 다른 사람하고 나누고 싶을 거야. 그래

도 노크하지 말라고. 어떤 이유로도 절대로. 내 말 알아듣겠나?

사이몬 : (목청을 가다듬은 다음) 아, 예 알겠습니다. 워낙 확실히 말씀해주셔서.

멜빈 : 그러면 이제 좋아.

(사이몬을 세워놓고 문을 쿵 닫는다.)

멜빈은 말할 때 다른 사람의 입장과 취향 등도 전혀 생각하지 않는다. 또 소설 쓰는 사람이고 머리도 좋아서 남이 싫어할 말을 빨리 찾는다. 출판사에 자신의 원고를 전달하러 가는 길에 그의 로맨스 소설을 너무나 좋아하는 출판사 직원을 만난다. 그의 질문에 대한 멜빈의 답변을 들어보면 사람을 대하는 태도를 잘 알 수 있다.

Receptionist : I can't resist! You usually move through here so quickly and I just have so many questions I want to ask you. You have no idea what your work means to me.

Melvin Udall : What does it mean to you?

Receptionist : [stands up] When somebody out there knows what it's like···. [place one hand on her forehead and the other over her heart] ··· to be in here.

Melvin Udall : Oh God, this is like a nightmare.

[Turns around and presses the elevator button multiple times]

Receptionist : Oh come on! Just a couple of questions. How hard is that?

[Scampers up to Melvin]

How do you write women so well?

Melvin Udall : I think of a man, and I take away reason and accountability.

출판사 직원 : 도저히 못 참겠어요. 여쭤보고 싶은 게 정말 많은데 선생님은 항상 빨리 왔다 가시니 그럴 수가 없었네요. 선생님 작품이 얼마나 큰 의미를 주는지 모르실 거예요.

멜빈: 어떤 의미가 있나요?

출판사 직원: (일어선다) 여자의 머릿속과 마음속을 다 아는 분이니까요….(한 손은 이마에 대고 다른 손은 가슴에 댄다.) 선생님은 양쪽 모두를 다 꿰뚫어 보시는 것 같아요.

멜빈: 세상에. 이 무슨 끔찍한 일이야.

(돌아서서 엘리베이터 버튼을 여러 번 누른다.)

출판사 직원: 그러지 마세요. 몇 가지 여쭤볼게요. 어려울 것도 없잖아요? (멜빈에게 종종 걸음으로 달려온다.) 어떻게 그렇게 여자를 잘 아시죠?

멜빈: 먼저 남자를 생각하고 거기서 이성과 책임감을 빼 버리면 돼.

사랑은 사람을 변하게 한다

그러던 멜빈이 어린 아들도 하나 있는 식당 웨이트리스 캐롤을 만나 그녀의 마음을 얻기 위해 노력하며 달라지기 시작한다. 자신이 정신적으로 문제가 있다는 것을 잘 알면서도 일부러 찾아가지 않던 정신과 주치의도 엄청난 용기를 내어 만난다.

Melvin Udall: [enters his psychiatrist's office] Hi. [shuts door] Help!

Dr. Green: If you want to see me, you will not do this. You will make an appointment.

Melvin Udall: Dr. Green, how can you diagnose someone as an obsessive compulsive disorder, and then act like I have some choice about barging in here?

멜빈: (정신과 주치의 진료실에 들어선다.) 안녕하세요.(문을 닫는다.) 도와주세요!

닥터 그린: 나에게 진료를 받고 싶으면 이렇게 하면 안 돼죠. 미리 진료 예약을 해야지요.

멜빈: 의사 선생, 나를 강박 장애가 있다고 진단해 놓고 이런 행동을 하면 안 된다고 이야기하는 겁니까?

그러나 의사는 멜빈을 그냥 돌려보낸다. 자신이 낫고자 하는 의지가 치료의 가장 중요한 시작이고 멜빈이 그런 의지가 있는지를 확인하고자 한다. 멜빈이 다른 환자들처럼 자신의 강박증을 이기고 진료 예약을 하고 의사에게 도움을 받았을까? 캐롤과 대화 장면에서 힌트를 얻을 수 있다.

멜빈은 캐롤과 단둘이 식사할 기회를 얻었지만 해서는 안 되는 말로 캐롤의 마음을 상하게 한다. 캐롤은 다시는 멜빈을 만나지 않으려 하면서 말한다. "불가능하겠지만, 마지막으로 나에게 좋은 말 한마디만 해봐요." 그러자 멜빈은 용기 내어 말한다.

Melvin Udall: Now, I got a real great compliment for you, and it's true.

Carol Connelly: I'm so afraid you're about to say something awful.

Melvin Udall: Don't be pessimistic, it's not your style. Okay. Here I go. Clearly a mistake. [shifts in his seat uncomfortably] I've got this, what, ailment? My doctor, a shrink that I used to go to all the time, he says that in fifty or sixty percent of the cases, a pill really helps. I hate pills. Very dangerous thing, pills. Hate. I'm using the word "hate" here, about pills. Hate. My compliment to you is, I started taking the pills.

Carol Connelly: I don't quite get how that's a compliment for me.

Melvin Udall : You make me want to be a better man.

[pause]

Carol Connelly : [stunned] That's maybe the best compliment of my life.

Melvin Udall : Well, maybe I overshot a little, because I was aiming at just enough to keep you from walking out.

멜빈 : 정말 근사한 말이 하나 있어요. 그리고 사실이고요.

캐롤 : 또 끔찍한 말을 할까 겁나네요.

멜빈 : 너무 그렇게 걱정부터 하지 말아요. 당신답지 않게. 좋아요. 이제 말할게요. 잘하는 일인지 정말 모르겠네요.(의자에서 불안하게 자세를 바꾼다.) 내가 겪고 있는 이 병 있잖아요. 내 정신과 주치의가 말하기를 나 같은 증상은 약을 먹으면 50~60% 정도는 확실히 도움이 된다고 하더군요. 나는 약을 정말로 싫어해요. 정말로 싫어한다니까요. 내가 하고 싶은 근사한 찬사는 다음과 같아요. 내가 약을 먹기 시작했다는 거예요.

캐롤 : 어떻게 그게 찬사가 되는지 모르겠네요.

멜빈 : 당신 때문에 더 나은 사람이 되고 싶었죠.(가만히 눈치를 본다.)

캐롤 : (놀라서) 내 평생 들은 최고의 찬사네요.

멜빈 : 사실 당신이 자리를 박차고 나가는 일을 막으려고 약간은 과장해서 말했을 수도 있어요.

옛날로 돌아가고 싶지 않아

다른 사람 신경 안 쓰고 소설 쓰며 돈 걱정 없이 살면서, 독설을 퍼부어 대고 평생을 살 뻔했는데, 그녀를 만나서 좋은 사람으로 변하고 싶은 강한 욕구를 느꼈다는 이야기다. 캐롤은 감동하고 둘의 사이는 연인 관계로 발전하기 시작한다. 그러나 사람들 사이에는 항상 크고 작은 갈등이 생기기 마련이다. 캐롤은 어머니에게 하소연한다.

Carol Connelly : Why can't I have a normal boyfriend? Just a regular boyfriend, one that doesn't go nuts on me!
Beverly Connelly : Everybody wants that, dear. It doesn't exist.

캐롤 : 왜 내 남자 친구는 이리도 비정상인 거야? 나를 미치게 만들지 않을 제대로 된 남자는 도대체 어디에 있는 거야?
비벌리(어머니) : 누구나 그런 남자를 원하지만 그런 사람은 없단다.

아무런 문제가 없는 그런 이상적인 상대는 이 세상에 존재하지 않는다. 이 사실을 인정하고 자신이 먼저 변해가는 일이 가장 빠른 길이다.
멜빈도 서로 얼굴을 붉히던 이웃에서 지금은 한 집에서 함께 살게된 된 사이몬에게 하소연한다.

Melvin Udall : I can't get back to my old life. She's evicted me from my life!
Simon Bishop : Did you really like it all that much?

멜빈 : 이제 옛날로 돌아갈 수가 없어. 캐롤이 나를 예전의 삶에서 쫓아 냈어!

사이몬 : 옛날의 삶이 그렇게 좋았나요?

멜빈도 잘 알고 있다. 옛날로 돌아가고 싶지 않다는 것을. 그러면서 사이몬은 강조한다.

Simon Bishop : Melvin, do you know where you're lucky? You know who you want.

사이몬 : 멜빈, 당신이 왜 운이 좋은지 아나요? 누구를 사랑하는지 확실히 알고 있잖아요.

하루는 멜빈과 캐롤이 대판 싸운 후에 멜빈은 캐롤을 찾아간다.

Carol Connelly : Is it a secret what you're doing here?

Melvin Udall : I had to see you.

Carol Connelly : Because?

Melvin Udall : It relaxes me. I'd feel better sitting ouside your apartment on the curb than any other place I can think of or imagine.

Carol Connelly : Come on in, and try not to ruin everything by being you.

Melvin Udall : Maybe we could live "without" the wisecracks.

Carol Connelly : Maybe we could.

캐롤 : 도대체 왜 이러는 거예요?

멜빈 : 당신을 만나야만 했소.

캐롤 : 왜죠?

멜빈: 그래야 마음이 놓이니까. 당신 아파트 바깥이지만 이보다 더 편안
한 곳은 상상이 되지 않소.
캐롤: 들어와요. 그리고 좀 달라져서 일을 망치는 일이 없도록 해봐요.
멜빈: 우리 상대방에게 비아냥거리지 않으면서 살도록 해봅시다.
캐롤: 그렇게 노력해봐요.

몇십 년을 자기 방식대로 그리고 집안의 전통대로 살던 남녀가 만나
가정을 이루고 산다는 일이 얼마나 힘들고 인내심이 필요한 일인지는 말
할 필요조차 없다. 의견 충돌이 생기고 갈등이 있는 것은 당연한 일이
다. 하지만 부부 공동의 목표가 있고, 오늘보다 내일이 더 나은 삶을 사
는데 서로가 촉매제가 된다면 그것이 정말로 바람직한 결혼 생활이 아
닐까.

나의 반쪽(my better half)에게도 멜빈이 했던 말을 해주고 싶다.

Honey, you always make me want to be a better man.

영화로 보고
영어로 읽는 세상

여인의 향기
Scent of a Woman, 1992
탱고에는 실수가 없어요!

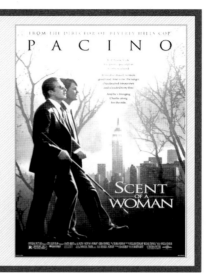

감독 마틴 브레스트(Martin Brest)
각본 지오바니 아피노(Giovanni Arpino)
주연 알 파치노(Al Pacino)
     크리스 오도넬(Chris O'Donnell)

탱고 명인 퇴역 장교

　1992년 영화 〈여인의 향기(Scent of Woman)〉에서 영화 〈대부(The Godfather 1, 2, 3)〉의 마이클 꼴리오네(Michael Corleone) 역으로 유명한 알 파치노(Al Pacino)의 명연기가 빛난다. 영화 〈대부〉로 그는 아카데미 주연상을 수상했다.

　〈여인의 향기〉를 본 많은 사람이 시각 장애인 프랭크[알 파치노(Al Pacino) 분]가 처음 만난 아름다운 여인 도나[가브리엘 앤워(Gabrielle Anwar) 분]와 함께 탱고 추는 모습을 기억할 것이다. 이 장면은 전문가의 도움을 받으며 2주간의 연습 후에 사흘간 촬영했다고 알려져 있다.

　전직 육군 중령 프랭크는 장교로 복무하던 중 사고로 시각 장애인이 되어 전역한다. 그는 추수감사절 휴가 중, 가난하지만 정직하고 열심히 사는 명문 사립고 학생인 찰리[크리스 오도넬(Chris O'Donnell) 분]를 아르바이트로 고용해 자신이 사랑했던 뉴욕을 여행한다. 가장 좋은 호텔에 머물고 가장 좋은 식당에서 식사하고 아름다운 여인과 데이트하며 프랭크는 자신의 마지막을 준비한다.

찰리는 큰 문제에 봉착해 있다. 찰리가 재학 중인 고교에서 추수 감사절 휴가가 시작되기 바로 전에 몇 학생이 교장에게 망신을 준 사건이 생겼다. 찰리와 다른 학생 조지가 한 학생이 이 장난을 모의하는 현장을 목격한다. 교장은 이 사건을 저지른 학생들을 잡아 벌을 주려고 한다.

오레곤 출신 가난한 찰리에게 교장은 사건을 저지른 학생들을 밝히면 명문대를 진학하도록 추천서를 써주겠다고 제안한다. 찰리는 추수감사절 휴가 기간이 끝나면 교사 학생 합동 상벌위원회 증언대에 서야 한다. 어떤 결정을 내리든지 찰리에게는 최악의 결정이다. 사실대로 말하면 동료 학생들에게 배척당할 것이고, 증언하지 않으면 학교에서 퇴학당하고 교장 추천으로 아이비리그 대학에 갈 기회도 날아갈 상황이다.

프랭크는 군대 생활 중 전직 존슨 대통령의 보좌관으로 근무하는 등 능력을 인정받고 화려하게 살았던 사람이다. 사고로 두 눈을 잃고 좌절감이 더욱 커져 자신의 삶을 모두 잃었다고 생각한다.

그는 예술도 즐기고 고급 페라리 자동차도 사랑한다. 그러나 가장 사랑하는 대상은 아름다운 여성이다. 한 번은 왜 그렇게 여자에 관심이 많은지 찰리가 물어본 적이 있다. 프랭크가 대답한다.

Lt. Col. Frank Slade : The day we stop lookin', Charlie, is the day we die.

프랭크 : 우리 남자가 여자에게서 관심이 없다는 이야기는 우리가 죽은 것이나 다름없다는 뜻이야.

프랭크와 찰리가 함께 간 멋진 식당에서 아름다운 여인을 발견한 프랭크는 그녀에게 다가가 탱고를 추지 않겠느냐고 제안한다. 정확히 말하면 본 것은 아니고 향기를 따라간다. 영화제목 〈여인의 향기〉처럼 프랭크는 아름다운 여인이 풍기는 향기를 사랑한다. 프랭크의 제안을 받은 도나(Donna)는 탱고를 배우고 또 즐기고 싶지만 실수하는 것이 두려워 탱고 추기가 두렵다고 말한다. 프랭크는 이렇게 조언한다.

Lt. Col Frank Slade : No mistakes in tango. Not like life. That makes tango so great. If you get tangled up, just tango on.

프랭크 : 탱고에는 실수가 없어요. 우리 사는 삶과는 다르지요. 그래서 탱고가 멋진 것이죠. 스텝이 엉기면 그냥 계속 추어 나가면 돼요.

이 말에 용기를 얻은 도나는 프랭크가 이끄는 대로 사람들 앞에서 멋진 탱고를 춘다. 프랭크 자신은 삶이 너무 힘들어 삶을 끝내려 하면서도 다른 사람에게 자신감을 주기 위해 노력하는 모습을 보면 그는 마음이 따뜻한 사람임에 틀림이 없다. 아니면 사실 프랭크는 아직 자기 삶에 대한 미련이 남아 있는지도 모른다.

사방이 막혀 있다, 어떻게 해야 할까?

찰리의 어두운 얼굴을 본 프랭크의 채근에 찰리는 자신이 안고 있는 문제를 프랭크에게 털어놓는다. 찰리가 어려운 일을 겪지 않기를 바라는 프랭크는 세상일에 통달한 사람들이 할 만한 충고를 한다.

Lt. Col. Frank Slade : Oh, uh, Charlie - about your little problem - there are two kinds of people in this world : those who stand up and face the music, and those who run for cover. Cover is better.

프랭크 : 그런 문제들은 말이지 이렇게 하면 돼. 이 세상에는 두 종류의 사람이 있거든. 일어나서 용감하게 문제와 맞서는 사람이 있고, 일단 피하는 사람이 있지. 이럴 땐 피하는 게 나아.

뉴욕에서 계획된 일정을 끝내고 스스로 인생을 정리하려는 프랭크와 찰리가 격돌한다. 프랭크는 손에 권총을 들고 있고 찰리도 굴하지 않고 프랭크와 맞선다.

Charlie Simms : You fxxxed up, alright! So everybody does! Get on with your life, would ya?

Lt. Col. Frank Slade : [shouting] What life? I got no life! I'm in the dark, here! You understand? I'm in the dark!

Lt. Col. Frank Slade : [Frank plans to kill himself and Charlie as well but hesitates] You don't wanna die.

Charlie Simms : Neither do you.

Lt. Col. Frank Slade : Give me one good reason not to.

Charlie Simms : I'll give you two. You can dance the tango and drive a Ferrari better than anyone I've ever seen.

Lt. Col. Frank Slade : You never seen anyone do either.

찰리 : 안다고요. 인생이 꼬여버린 것 잘 안다고요. 그런데 그런 사람이 한 둘이냐고요. 이제 새로 시작하면 되잖아요.

프랭크 : (소리 지른다.) 인생? 인생이라니. 내 눈앞은 그냥 깜깜하다니까. 모르겠어? 아무것도 보이지 않는다고.(찰리도 함께 죽으려고 총을 쏘려하다가 망설인다.)

너 죽고 싶지 않지?

찰리 : 중령님도 마찬가지잖아요.

프랭크 : 죽지 않아도 될 이유 한 가지만 말해봐.

찰리 : 두 가지 말씀드릴게요. 탱고도 누구보다 잘 추고 페라리도 정말 잘 운전하시잖아요.

프랭크 : 둘 중 하나라도 제대로 하는 사람은 찾기 어렵지.

프랭크는 찰리에게 마음을 연다.

Lt. Col. Frank Slade : Oh, where do I go from here, Charlie?

Charlie Simms : If you're tangled up, just tango on.

Lt. Col. Frank Slade : You askin' me to dance, Charlie?

프랭크 : 이제 뭘 해야 하지, 찰리?

찰리 : 춤추다가 스탭이 엉겨도 계속 추면 되지요.

프랭크 : 나랑 춤추고 싶은 거야?

Let him continue on his journey

(빛나는 여정이 될 수 있도록 지켜주세요)

추수감사절 휴가가 끝나고 찰리는 상벌위원회에 참석한다. 위원회가 시작되자마자 프랭크가 등장한다. 자신이 찰리의 부모를 대신해서 왔노라고 말하며 찰리 곁에 앉는다.

찰리와 함께 모의 현장을 목격한 부잣집 아들 조지는 아버지 옆에서 말한다. 예상대로 자신은 콘택트렌즈를 끼는데 당시에는 렌즈를 뺀 상태여서 사건을 모의하는 학생들을 볼 수 없었다고. 더 이상 추궁하지 못한 트래스크 교장은 찰리에게 사실대로 말하면 명문대 입학 추천서를 써주겠다고 제안한다. 그는 찰리를 몰아붙이면 진실을 고백할 것이라고 믿는다.

Mr. Trask : Mr. Simms?

Charlie Simms : [clears throat] Yes, sir.

Mr. Trask : You don't wear contact lenses, do you?

Charlie Simms : No.

Mr. Trask : With your untrammeled sight, whom did you see?

Charlie Simms : I s-saw something. I⋯ couldn't say who.

Mr. Trask : All right, what was the "something" you saw?

Charlie Simms : [mumbles] I couldn't⋯.

Mr. Trask : You couldn't say or you wouldn't say?

Charlie Simms : [frustrated] I just couldn't say.

Mr. Trask : [turns angry] Couldn't wouldn't, shouldn't. Mr. Simms, you are exhausting my patience and you are making a mockery of these proceedings. I will give one last chance. The consequences of your response will be dire! By dire, Mr. Simms, I mean your future will be jeopardized permanently! Now for the last time, what did you see last Tuesday night outside my office?

Charlie Simms : [under pressure] I saw somebody.

Mr. Trask : "I saw somebody." Good. Did you see their size and shape?

Charlie Simms : Yeah.

Mr. Trask : And they were the size and shape of whom?

Charlie Simms : They were the size and shape⋯.

[Charlie pauses for a moment, but then still refuses to come clean with the truth]

Charlie Simms : of most any Baird student, sir.

Charlie Simms : They were the size and shape⋯.

[Charlie pauses for a moment, but then still refuses to come clean with the truth]

Charlie Simms : of most any Baird student, sir.

트래스크 교장 : 미스터 심스?

찰리 : (목소리를 다듬으며) 예.

트래스크 교장 : 콘택트렌즈 안 끼고 있지요?

찰리 : 예 그렇습니다.

트래스크 교장 : 좋은 시력으로 누구를 보았죠?

찰리 : 보기는 봤습니다만 누구인지는 확실하지 않습니다.

트래스크 교장 : 보긴 보았으니 누군지 말해봐요.

찰리 : (말을 더듬으며) 말할 수가 없습니다.

트래스크 교장 : 말을 못하는 건지 말을 안 하겠다는 것인지 밝히라니까.

찰리 : (스트레스를 받으며) 말 못 합니다.

트래스크 교장 : 하지 않는 거야, 못하는 거야, 아니면 해서는 안 되는 거야. 내 인내력도 바닥이 나고 지금 이 위원회도 놀림감이 되고 있다고. 마지막 기회야. 어떻게 대답하느냐에 따라 엄청난 결과가 초래될 수 있어. 엄청나다는 이야기는 네 인생이 영원히 끝나버릴 수도 있다는 말이야. 이제 마지막으로 묻는 거야. 지난주 화요일 밤에 교장실 밖에서 누구를 본 거야?

찰리 : (압박감을 이겨내며) 누군가 보기는 했죠.

트래스크 교장 : 누구를 보기는 했다고? 좋아. 키가 얼마나 큰지 체형은 어떤지도 봤겠네?

찰리 : 그렇습니다.

트래스크 : 그런 키와 체형을 가진 사람은 누구야?

찰리 : 그들의 키와 체형을 보면⋯.(찰리는 잠시 생각한다. 그러나 사실을 말하지 않기로 결심한다.) 우리 학교 학생 중 누구인지는 알 수가 없습니다.

정직하게 말하는 것이 가장 바람직한 행동이라고 주장할 수도 있다.

그러나 찰리가 사실을 말한다는 것은 동료 학생을 고자질하는 일이 된다. 또 이미 교장에게 동료 학생의 이름을 넘기면 큰 혜택을 준다는 제안을 받았기에 학생들의 이름을 말하는 것은 뇌물을 받는 행위나 다름이 없다. 따라서 찰리는 양심을 파는 행위를 할 수 없어 이를 거절한다. 말로는 쉬운 일이나 실제로 행하기는 정말로 어려운 일을 해내고 있다. 이런 찰리의 심성을 알고 있는 프랭크가 찰리를 돕기 위해 찾아온 것이다.

이제 자신이 당한 망신에 대해 복수를 못하게 된 트래스크 교장은 그 복수로 찰리를 퇴학시키려 한다. 프랭크는 찰리를 위해 힘을 다해 변호한다.

Mr. Trask : I'm going to recommend to the disciplinary committee that you be expelled. Mr. Simms, you are a cover-up artist and you are a liar.
Lt. Col. Frank Slade : But not a snitch.
Mr. Trask : Excuse me?
Lt. Col. Frank Slade : No, I don't think I will.
Mr. Trask : Mr. Slade…
Lt. Col. Frank Slade : This is such a crock of SHIT.
Mr. Trask : Please watch your language, Mr. Slade. You are in the Baird School, not a barracks. Mr Simms, I will give you one last opportunity to speak up.

트래스크 교장 : 상벌위원회에 건의합니다. 저 학생을 퇴학시켜주시오. 찰리 심스는 뻔뻔한 거짓말쟁입니다.

프랭크 : 그렇지만 친구를 팔아먹는 사람은 아니지요.

트래스크 교장 : 뭐라고요?(Excuse me?)[★1]

프랭크 : 아니요. 당신을 용서할 마음은 없어요.

트래스크 교장 : 슬래이드 중령님….

프랭크 : 세상에 이런 엉터리 같은 일을 벌이고 있다니.

트레스크 교장 : 말 조심하세요. 여기는 군대가 아니고 명문 배어드 고등학교라고요. 찰리 심스, 이제 마지막으로 발언할 기회를 주도록 하겠소.

Lt. Col. Frank Slade : Mr. Simms doesn't want it. He doesn't need to labeled, "Still worthy of being a Baird man". What the hell is that? What is your motto here? "Boys, inform on your classmates, save your hide. Anything short of that, we're gonna burn you at the stake." Well, gentlemen, when the shit hits the fan, some guys run and some guys stay. Here's Charlie facing the fire and there's George hiding in Big Daddy's pocket. And what are you doing? You're gonna reward George and destroy Charlie.

프랭크 : 찰리 심스는 마지막 말할 기회를 원하지 않아요. "아직도 베어드 고등학생의 자격이 있다."라는 꼬리표가 필요 없어요. 도대체 그런 게 무슨 소용이 있죠? 정말 대단하네요. "학생들, 동료 학생들이 잘못한 것 있으면 고발하고 너희가 챙길 수 있는 것은 챙겨. 이런 일 못 하면 마녀처럼 말뚝에 묶어서 태워버릴 테니." 라고 말하고 있군요. 여러분 내 말 잘 들어요. 진짜로 급한 일이 생기면 어떤 놈들은 튀고 몇 사람은 남아 있겠죠. 여기 찰리는 남아서 어려움과 맞서고 저기 조지는 아버지 돈주머니에 숨어서 이리저리 피하고 있어요. 그러면 당신들은 어떻게 한다고요? 조지는 상을 주고 찰리 인생은 망쳐버리겠다고요?

Mr. Trask : Are you finished, Mr. Slade?

Lt. Col. Frank Slade : No, I'm just gettin' warmed up. I don't know who went to this place, William Howard Taft, William Jennings Bryan, William Tell, whoever. Their spirit is dead, if they ever had one. It's gone. You're building a rat ship here. A vessel for seagoing snitches, and if you think you're preparing these minnows for manhood, you better think again, because I say you are killing the very spirit this institution proclaims it instills. What a sham. What kind of a show you guys are putting on here today? I mean, the only class in this act is sitting next to me, and I'm here to tell ya this boy's soul is intact. It's non-negotiable. You know how I know? Someone here, and I'm not gonna say who, offered to buy it. Only Charlie here wasn't selling.

트래스크 교장 : 이제 할 말 다 하셨나요?

프랭크 : 이제 시작이오. 누가 이 학교를 졸업했는지 모르겠소. 윌리암 하워드 태프트(William Howard Taft, 미국 27대 대통령, 실제로는 오하이오주 신시내티에 있는 Woodward 고등학교 졸업), 윌리암 제닝스 브라이언(William Jennings Bryan, 미국 국무장관 출신, 실제로는 일리노이주 잭슨빌에 있는 Whipple Academy 졸업), 윌리암 텔(William Tell, 14세기 스위스의 영웅) 이런 사람들이 졸업했겠지.★2 하지만 그들의 정신은 이제 다 죽었소. 그런 게 있었는지도 잘 모르겠지만 다 사라져 버렸소. 쥐들이 들끓는 배를 만들었단 말이오. 배신자들이 설치는 배를 만들었다니까요. 그리고 이런 애송이들을 교육해서 어른으로 만들 수 있다고 생각한다면 다시 생각해 보시오. 내가 보기에는 이 학교를 세우며 심으려 했던 바로 그 정신을 당신들이 죽이고 있으니 말이오. 사기 같은 짓이

★1 트래스크 교장이 말한 excuse me는 '용서한다'라는 뜻의 excuse를 사용하긴 했지만, 뜻은 당신이 방금 한 말이 맘에 들지 않는다는 것이다. 반면 프랭크는 이 말을 문자 그대로 '나를 용서해줘요.(excuse me)'라는 말로 받아서 뻔뻔하게 행동하고 말하는 당신을 용서하지 않겠다(I don't think I will.)는 말로 트래스크 교장을 한 방 먹인 말을 한 것이다.

★2 실제로 이런 인물들이 졸업했다는 뜻이 아니라 오래되고 전통 있는 학교라는 점은 인정한다는 의미

오. 오늘 도대체 무슨 쇼를 벌이고 있소? 이런 소용돌이 속에서도 제대로
된 사람은 배 옆에 앉아 있는 사람이오. 분명히 말하겠소. 찰리의 영혼은
깨끗하오. 매수할 수가 없소. 내가 어떻게 아느냐고? 누구라고 말은 하지
않겠지만 여기 이 자리에 있는 누군가가 그 영혼을 사려고 제안을 했소.
물론 찰리는 팔지 않았소.

Mr. Trask : Sir, you're out of order.

[Trask hits the gavel; Col. Slade stands up angry]

Lt. Col. Frank Slade : Out of order. I'll show YOU "out of
order"! You don't know what "out of order" is, Mr. Trask. I'd
show you, but I'm too old, I'm too tired, I'm too fxxxing blind.
If I were the man I was five years ago, I'd take a··· FLAME-
THROWER to this place! Out of order? Who the hell do ya
think you're talking to? I've been around, ya know? There was
a time I could see. And I have seen. Boys like these, younger
than these. Their arms torn out, their legs ripped off. But there
is nothing like the sight of an amputated spirit. There's no
prostetic for that. You think you're merely sending this splen-
did foot solder back home to Oregon with tail between his
legs, but I say you are executing his SOUL!

트래스크 교장 : 중단하세요. 명령입니다.

(트래스크는 의사봉을 내리치고, 프랭크는 화를 내며 일어선다.)

프랭크 : 나에게 명령한다고? 당신이 명령을 알아? 내가 보여주고 싶지만
이제 나는 너무 나이를 먹었고, 피곤하고, 눈까지 보이지 않아. 5년 전이었
다면 여기를 화염 방사기로 쓸어버렸을 거요. 명령하다니, 감히 누구에게
명령하는 거야. 내가 얼마나 경험이 많은 사람인지 알아? 내가 앞을 보던
시절도 분명히 있었고, 그때 여기 있는 학생들, 또 더 어린 젊은이들이 전쟁
터에서 팔이 잘려 나가고 다리가 부러져 나가는 것도 본 사람이야. 하지만
그 젊은이들의 영혼은 생생했다고. 그들의 영혼에는 뼈에 대는 부목이 필

요 없었다고. 내 옆에 있는 이 훌륭한 병사에게 벌을 주어서 고향 오레곤으로 보내는 일은 그의 영혼을 부숴버리는 일이라고.

Mr. Trask : [yells; hits the gavel three times] Stand down, Mr. Slade!
Lt. Col. Frank Slade : I'm not finished! As I came in here, I heard those words, "Cradle of Leadership". Well, when the bough breaks, the cradle will fall. And it has fallen here. It has fallen. Makers of men, Creators of leaders. Be careful what kind of leaders you're producing here. I don't know if Charlie's silence here today is right or wrong. I'm not a judge or jury, but I can tell you this : He won't sell anybody out to buy his future! And that, my friends, is called integrity. That's called courage. Now that's the stuff leaders should be made of. Now I have come to the crossroads in my life. I always knew what the right path was. Without exception, I knew. But I never took it. You know why? It was too damn hard. Now here's Charlie. He's come to the crossroads. He has chosen a path. It's the right path. It's a path made of principle that leads to character. Let him continue on his journey. You hold this boy's future in your hands, committee. It's a valuable future. Believe me. Don't destroy it. Protect it. Embrace it. It's gonna make you proud one day, I promise you.

트래스크 교장 : (의사봉을 내리치며 소리친다.) 이제, 그만하세요.
프랭크 : 아직 안 끝났소. 내가 여기 강당에 들어오다 보니 당신이 연설하면서 "지도자의 요람"이라고 말하는 것을 들었소. 글쎄요. 큰 가지가 떨어지면 거기에 매달아 두었던 요람도 함께 떨어지기 마련이오. 남자를 만들고 지도자를 양성한다. 도대체 어떤 지도자를 만들고 있는지 조심해야 하오. 찰리가 오늘 대답하지 않은 일이 맞는 일인지 아닌지는 잘 모르겠소. 내가 판사도 아니고 배심원도 아니니까. 하지만 이것 한 가지는 분명하오. 찰리는 자기 미래를 사기 위해 다른 사람을 팔지는 않았소. 인격이 바로잡힌 사람만이, 용기 있는 자만이 할 수 있는 행동이오. 지도자는 그래야 하

지 않겠소? 나는 지금 인생의 갈림길에 서 있소. 물론 나는 어떤 길이 올바른 길인지 잘 알고 있소. 그런데 나는 올바른 길을 택한 적이 없소. 왜냐구요? 올바른 길은 너무너무 어려웠기 때문이오. 찰리를 보시오. 찰리도 갈림길에 서 있소. 찰리가 택한 길은 올바른 길이오. 원칙에 따라서 택한 길이오. 이런 사람이 지도자가 되는 법이오. 여러분, 찰리가 계속 성장하게 도와줍시다. 위원회 여러분은 이 청년의 운명을 쥐고 있소. 정말 귀중한 미래요. 믿어주세요. 부수지 마시오. 보호해주시오. 그렇게 결정하면 훗날 정말로 잘한 결정이라는 사실을 알게 될 것이오. 내가 약속하오.

자기 목숨을 버리려던 프랭크가 이제 찰리를 위해 온 힘을 다해 변호한다. 이 멋진 연설을 듣고 상벌위원회가 어떤 결정을 내렸을까? 프랭크는 어떻게 살아갈까? 이 멋진 영화를 보며 확인하기 바란다.

살면서 수없이 많은 실수를 한다. 그 실수가 종종 마음에 걸려 앞으로 나가지 못하는 사람들도 많다. 그럴 때마다 프랭크의 대사를 생각한다.

If you get tangled up, just tango on.

스탭이 엉기면 그냥 계속 추어 나가면 돼요.

영화로 보고
영어로 읽는 세상

해리가 샐리를 만났을 때
When Harry met Sally, 1989
너희가 사랑을 알아?

감독   롭 라이너(Rob Reiner)
각본   노라 에프론(Nora Ephron)
주연   빌리 크리스탈(Billy Crystal)
       멕 라이언(Meg Ryan)

남자와 여자, 간단하고도 복잡한 사랑의 방정식

영화 〈해리가 샐리를 만났을 때 (When Harry met Sally, 1989)〉는 유브 갓 메일(You've got mail, 1998)〉과 〈아내는 요술쟁이(Bewitched, 2005)〉, 〈시애틀의 잠 못 이루는 밤(The sleepless in Seattle)〉 각본을 쓴 노라 애프론(Nora Ephron, 1941~2012, 〈시애틀의 잠 못 이루는 밤〉 감독 겸임)의 찰진 대사로 많은 사람의 사랑을 받은 영화다. 아직도 많은 사람이 사랑 영화 이야기를 할 때 꼭 언급하는 영화다.

멕 라이언(Meg Ryan)이 귀엽고 활발하며 지적인 여인으로 자리매김하는 계기가 되기도 했다.

롭 라이너(Rob Reiner) 감독은 〈대통령의 연인(The American President, 1995)〉, 〈어퓨 굿 맨(A few good men)〉, 〈미저리(Misery, 1990)〉 등의 수많은 히트작을 감독했으며, 여러 편의 영화에 출연한 배우이기도 하다. 〈더 울프 오브 월스트리트(The Wolf of Wall Street, 2013)〉에 주인공의 아버지인 맥스 벨포(Max Belfor)로 출연하기도 했다.

이 영화는 워낙 대사의 양이 많아 두 주인공 해리(Harry, 빌리 크리스탈 분)와 샐리(Sally, 멕 라이언 분)가 고생했을 것이라 생각한다. 주 배경이 뉴욕으로 80년대 뉴욕의 사계절을 아름답게 담았다.

시카고 대학교(University of Chicago) 동창인 해리와 샐리는 졸업 후 함께 자동차를 운전하고 뉴욕으로 가기로 한다. 시카고에서 뉴욕시 유니언 스퀘어(Union Square)까지 가려면 차로 대략 20시간 정도 걸린다. 해리와 샐리는 번갈아 운전하면서 밤을 새워 뉴욕까지 간다. 그리고 뉴욕에서 헤어진다. 10년 정도 세월이 흐른 후에 둘은 다시 뉴욕에서 우연히 만나 여러 가지 일을 겪으며 만나고 헤어지기를 반복하다가 결국 맺어진다. 그 사이의 여러 에피소드가 이 영화의 주요 소재다.

남자와 여자가 만나 어떻게 사랑에 빠지는가? 신비의 세계 그 자체다. '호르몬이 영향을 주어서', '서로에 대한 호감을 클릭해서', '어차피 만날 운명이어서', '큐피드의 화살 마법 때문에' 등등으로 설명하려고 애쓰지만, 사실 이렇게 설명이 많다는 것은 해답을 모른다는 증빙이기도 하다. 해리와 샐리도 그렇다. 시카고에서 뉴욕까지 함께 가면서 말다툼한 일밖에 없는데 결국은 10년 후에 다시 만나 부부로 맺어진다.

자동차 안에서 샐리가 해리에게 말을 건다. 시카고에서 뉴욕까지 함께 운전해 갈 것을 권한 친구 아만다로부터 해리에 대해 어느 정도 사전 정보를 받은 터였다.

Sally Albright : Amanda mentioned you had a dark side.

Harry Burns : That's what drew her to me.

Sally Albright : Your dark side?

Harry Burns : Sure. Why? Don't you have a dark side? I know, you're probably one of those cheerful people who dot their "i's" with little hearts.

Sally Albright : I have just as much of a dark side as the next person.

Harry Burns : Oh, really? When I buy a new book, I read the last page first. That way, in case I die before I finish, I know how it ends. That, my friend, is a dark side.

샐리 : 아만다 말이 댁한테 어두운 면이 있다고 하던데요.

해리 : 그런 면을 아만다가 좋아했지요.

샐리 : 어두운 면을 말이에요?

해리 : 그럼요. 왜요? 당신은 어두운 면이 없나요? 이제 보니 당신은 항상 가볍고 즐거운 마음으로 사는 사람이군요. 시도 때도 없이 하트를 그리는 사람처럼 말이죠.

샐리 : 나도 누구 못지않게 어두운 면이 있어요.

해리 : 정말 그렇다고요? 나는 새 책을 사면 마지막 페이지를 가장 먼저 읽어요. 그러면 책을 다 읽기 전에 죽어도 책이 어떻게 끝나는지는 알게 되잖아요. 그러니까 내 말은 이 정도는 되어야 어디 가서 어두운 면이 있다고 이야기하지 않겠어요?

사실 샐리도 성격이 그렇게 부드러운 편은 아니다. 해리와 샐리가 10년 만에 다시 만나 친해진 후에 해리가 샐리의 성격에 관해 이야기해주는 장면이다.

Harry Burns : There are two kinds of women : high maintenance and low maintenance.
Sally Albright : Which one am I?
Harry Burns : You're the worst kind; you're high maintenance but you think you're low maintenance.
Sally Albright : I don't see that.
Harry Burns : You don't see that? Waiter, I'll begin with a house salad, but I don't want the regular dressing. I'll have the balsamic vinegar and oil, but on the side. And then the salmon with the mustard sauce, but I want the mustard sauce on the side. "On the side" is a very big thing for you.
Sally Albright : Well, I just want it the way I want it.
Harry Burns : I know; high maintenance.

해리 : 세상에는 두 종류의 여자가 있어. 손이 많이 가는 여자와 그렇지 않은 여자.
샐리 : 나는 어디에 속해?
해리 : 너는 가장 안 좋은 경우야. 스스로는 손이 많이 필요 없는 여자라고 생각하지만 실제로는 정말 신경을 많이 써야 하는 여자야.
샐리 : 이해가 안 되네.
해리 : 이해가 안 된다고? 식당에서 어떻게 말해? 웨이터, 샐러드로 시작할게요. 하지만 딸려 나오는 드레싱 말고 발사믹 비니거와 오일로 해주세요. 샐러드에 붓지 말고 따로 주세요. 그리고 연어와 겨자 소스를 주세요. 단, 소스는 따로 주세요. '따로'가 너에게는 정말 중요해.
샐리 : 내가 원하는 방식대로 먹고 싶을 뿐인데.
해리 : 그렇지. 그러니까 엄청 신경이 쓰이는 여자인 거야.

결혼은 아무나 하나?

해리와 샐리가 10년이 지난 후 부부로 맺어지기까지 해리는 다른 사람과 결혼하고 샐리는 애인도 사귀었다. 하지만 그 관계가 오래 지속되지 못해 두 사람은 마음의 상처를 받았다. 샐리는 전 남자 친구 조가 다른 여자와 결혼한다는 이야기를 전해 듣고 해리에게 하소연한다.

Sally Albright: He just met her⋯ She's supposed to be his transitional person, she's not supposed to be the ONE. All this time I thought he didn't want to get married. But, the truth is, he didn't want to marry me. He didn't love me.

Harry Burns: If you could take him back now, would you?

Sally Albright: No. But why didn't he want to marry me? What's the matter with me?

Harry Burns: Nothing.

Sally Albright: I'm difficult.

Harry Burns: You're challenging.

Sally Albright: I'm too structured, I'm completely closed off.

Harry Burns: But in a good way.

Sally Albright: No, no, no, I drove him away. AND, I'm gonna be forty.

Harry Burns: When?

Sally Albright: Someday.

Harry Burns: In eight years.

Sally Albright: But it's there. It's just sitting there, like some big dead end. And it's not the same for men. Charlie Chaplin had kids when he was 73.

Harry Burns : Yeah, but he was too old to pick them up.

샐리 : 조가 그 여자를 만난 지 얼마 되지도 않았어. 그냥 사귀는 여자였지 평생을 함께할 사람은 아니었다고. 조는 결혼을 원하지 않는 줄 알았어. 지금 보니까 나와 결혼하기를 원하지 않았던 거야. 나를 사랑하지 않았어.

해리 : 다시 옛날로 돌아갈 수 있다면 다시 조와 사귈 거야?

샐리 : 그건 아니야. 그렇지만 왜 나와 결혼을 원하지 않았을까? 나한테 무슨 문제가 있는 거야?

해리 : 아무것도 없어.

샐리 : 내가 사람들을 힘들게 하나 봐.

해리 : 당신이 그리 만만한 상대는 아니지.

샐리 : 내가 너무 엄격한 사람인가 봐. 융통성도 없고.

해리 : 그것도 다 장점이야.

샐리 : 아니야. 내가 그를 쫓아 보낸 거야. 나는 곧 마흔 살이 될 거고.

해리 : 언제?

샐리 : 곧.

해리 : 아직 8년이나 남았잖아.

샐리 : 시간은 생각보다 빨리 흘러. 모르는 사이에 오는 거야. 갑자기 막다른 길에 부닥치는 것처럼. 남자하고는 달라. 찰리 채플린은 73세에 아버지가 되었어.

해리 : 맞아. 하지만 아기를 들어 올릴 힘은 없었을걸.

두 사람은 어떻게 될까?

해리와 샐리는 시간이 지나며 서로에게 익숙해지고 길들어진다. 새해가 바뀌는 12월 31일 밤, 해리는 샐리에게 그만의 방식으로 프러포즈를 하고 샐리 또한 나름의 방식으로 프러포즈를 받는다.

Harry Burns : I've been doing a lot of thinking, and the thing is, I love you.
Sally Albright : What?
Harry Burns : I love you.
Sally Albright : How do you expect me to respond to this?
Harry Burns : How about you love me, too?
Sally Albright : How about "I'm leaving"?
Harry Burns : Doesn't what I said mean anything to you?
Sally Albright : I'm sorry, Harry. I know it's New Year's Eve. I know you're feeling lonely, but you just can't show up here, tell me you love me and expect that to make everything all right. It doesn't work this way.
Harry Burns : Well, how does it work?
Sally Albright : I don't know, but not this way.

해리 : 생각을 많이 했는데 깨달은 것이 있어. 당신을 사랑해.
샐리 : 뭐라고?
해리 : 사랑한다고.
샐리 : 내가 어떻게 반응하기를 원해?
해리 : "나도 사랑해"가 어떨까?
샐리 : "나 떠날 거야"가 어때?
해리 : 내 고백이 당신에게는 전혀 의미가 없는 거야?
샐리 : 해리, 미안해. 새해 전날 밤이니 외롭겠지. 그렇지만 이렇게 불쑥 나타나서 사랑한다고 말하고 일이 생각대로 잘 풀리리라고 기대하면 안 돼. 그렇게는 안 되는 법이야.
해리 : 그럼, 어떻게 해야 하는데.
샐리 : 몰라. 하지만 이건 아니야.

Harry Burns : Then how about this way? I love that you get

cold when it's 71 degrees out. I love that it takes you an hour and a half to order a sandwich. I love that you get a little crinkle above your nose when you're looking at me like I'm nuts. I love that after I spend the day with you, I can still smell your perfume on my clothes, and I love that you are the last person I wanna talk to before I go to sleep at night. And it's not because I'm lonely, and it's not because it's New Year's Eve. I came here tonight because when you realize you want to spend the rest of your life with somebody you want the rest of your life to start as soon as possible.

Sally Albright : You see? That is just like you, Harry. You say things like that and you make it impossible for me to hate you. And I hate you, Harry. I really hate you. I hate you.

해리 : 이건 어떨까? 바깥 날씨가 20도가 넘어도 감기 걸리는 당신을 사랑해. 샌드위치 하나 시키는 데 한 시간 반이 걸려도 사랑해. 나를 멍청하다는 듯이 쳐다보며 콧등에 주름을 잡아도 당신을 사랑해. 당신과 하루를 보내고 났을 때 내 옷에서 나는 당신 향기 때문에 당신을 사랑해. 그리고 당신이 오늘 밤 내가 잠자리에 들기 전에 이야기하고 싶은 마지막 사람이라는 사실 때문에 당신을 사랑해. 내가 외로워서도 아니고 새해를 맞이하는 밤이기 때문도 아니야. 내가 오늘 밤 여기 온 이유는 누군가와 평생을 함께하기로 마음먹었다면 지체하지 말고 바로 그래야 한다는 것을 깨달았기 때문이야.

샐리 : 보라고. 정말 당신다운 말이야, 해리. 이런 엉터리 같은 말을 해도 당신을 미워할 수 없게 하잖아. 해리 당신을 미워해. 정말로 미워. 밉다고.

그리고 둘은 결혼한다. 영화는 여기에서 끝나지만 둘이서 계속 행복하게 살아갈까? 아니면 갈등 끝에 헤어질까? 아무도 모를 일이다. 둘 다 충분히 상대편에게 길들어서 서로 의지하고 사랑하며 오랫동안 행복하게 살았으면 좋겠다. 샐리가 바라던 대로 귀여운 아이도 낳고.

영화로 보고
영어로 읽는 세상

영화로 보고
영어로 읽는 세상

초판 1쇄 인쇄   2024년 5월 20일
초판 1쇄 발행   2024년 5월 25일

저 자   김 대 진
펴낸이   임 순 재
펴낸곳   (주)한올출판사
등 록   제11-403호
주 소   서울시 마포구 모래내로 83(성산동 한올빌딩 3층)
전 화   (02) 376-4298(대표)
팩 스   (02) 302-8073
홈페이지 www.hanol.co.kr
e-메일   hanol@hanol.co.kr
ISBN   979-11-6647-455-2

• 이 책의 내용은 저작권법의 보호를 받고 있습니다.
• 잘못 만들어진 책은 본사나 구입하신 서점에서 바꾸어 드립니다.
• 저자와의 협의 하에 인지가 생략되었습니다.
• 책 값은 뒷표지에 있습니다.

영화로 보고
영어로 읽는 세상